BASTEI
LÜBBE
TASCHENBUCH

Weitere Titel der Herausgeberin:

Überstunden
Oh du Sündige

Alison Tyler

Sinnliche Nächte

Erotische Storys

Aus dem amerikanischen Englisch von
Jacqueline Arnold

BASTEI
LÜBBE
TASCHENBUCH

BASTEI LÜBBE TASCHENBUCH
Band 17 576

MIX
Papier aus verantwortungsvollen Quellen
FSC® C014496
FSC
www.fsc.org

Vollständige Taschenbuchausgabe

Deutsche Erstausgabe

Titel der amerikanischen Originalausgabe: »Heat Wave«
Originalverlag: Cleis Press Inc., US

Titelillustration: © shutterstock/nevodka; © shutterstock/Ollyy
Umschlaggestaltung: Jeannine Schmelzer
Satz: Urban SatzKonzept, Düsseldorf
Gesetzt aus der Palatino
Druck und Verarbeitung: GGP Media GmbH, Pößneck
Printed in Germany
ISBN 978-3-404-17576-5

1 3 5 4 2

Sie finden uns im Internet unter
www.luebbe.de
Bitte beachten Sie auch: www.lesejury.de

Für SAM

In Dankbarkeit

Sweet Violet Blue, Eliza Castle, Mike Ostrowski,
Barbara Pizio, Thomas S. Roche, Kerri Sharp,
Felice Newman und Frédérique Delacoste

Raus aus den Bikinis!

Inhalt

Vorwort: Fieber

Die Hitze macht seltsame Dinge mit uns Menschen. Ich meine nicht die Art von Hitze, wie sie ein Kamin verströmt, vor dem Decken und Champagner bereitstehen. Nicht die Hitze eines Motorradauspuffs, der dir den Unterschenkel verbrennen kann, wenn du dich nicht ganz fest an deinen Fahrer klammerst. Und auch nicht die Hitze von Kerzenwachs, der dir auf die bebende Haut tropft.

Sicher, all diese Varianten können uns elektrisieren und uns schwindelig werden lassen vor Verlangen.

Doch das ist nicht die Art von Hitze, die uns verändert, impulsiv macht, sextrunken. Die Art von Hitze, die nur der Sommer, eine Tanzfläche und das Wetter hervorrufen können: wenn die Luft schwül ist und wir uns innerlich und äußerlich fiebrig fühlen und schwitzen, obwohl wir wissen, dass wir nicht krank sind.

Die Geschichten in diesem Buch werden Ihnen *diese* Art von Fieber verschaffen.

Die Hitze des Sommers – ob am Tag oder in sinnlichen Nächten – hat eine gewaltige Wirkung auf uns. Und wenn Sie jemals eine Hitzewelle erlebt haben, wissen Sie, was ich meine. Ich schwöre, falls irgendwer die Hitzewelle erfunden hat, ist diese Person mit Sicherheit verrückt. Hitzewellen bewirken, dass wir unsere Kleider ablegen. Wir verhalten uns auf übertriebene Weise erotisch – um uns Erleichterung zu verschaffen! –, und so reiben wir uns mit Eiswürfeln über den Nacken und die Brust, wir laufen bekleidet durch die Wasserschleier eines Rasensprinklers, wir verzichten sogar auf einen Slip, nur um uns irgendwie abzukühlen und alles unter Kontrolle zu behalten.

Natürlich funktioniert nichts davon wirklich. Es ist schwer, sich unter Kontrolle zu haben, wenn die erste Hitzewelle des Sommers hereinbricht. Nach einem langen, regnerischen Frühling gibt es diesen einen Tag, wenn Sie vor die Tür gehen, wo bislang Menschen in langen Hosen und Mänteln, mit Hüten und Schals unterwegs waren – und plötzlich ist überall bloße Haut zu sehen. Das erste Mal seit einer Ewigkeit gibt es wieder junge Frauen in sexy Kleidern, die nackte Arme, hübsche Schenkel und sogar lackierte Zehennägel in Sandalen zeigen. Männer in engen Shirts mit breiten Unterarmen und stattlichen Bizeps lassen sich blicken, ebenso wie Shortsträger mit wohlgeformten Unter- und Oberschenkeln.

Sex liegt einfach in der Luft. Die Leute bewegen sich anders, und jeder mustert jeden von Kopf bis Fuß. Steht ein Trip an den Strand oder in den Park auf dem Programm, ist es noch schlimmer, denn dort erwartet einen unendlich viel nackte Haut. Überall enge oder auch fließende Stoffe, die sich sanft an die intimsten Kurven schmiegen, die der menschliche Körper zu bieten hat. Jeder trägt genüsslich Sonnencreme auf, wohlwissend, dass ihm alle anderen dabei zugucken. Es ist wie ein echtes Fieber, wie wenn jedem die Hitze zu Kopf steigt, weil man sich auch gegenseitig mit duftenden Sonnenölen einreibt.

Die Geschichten in *Sinnliche Nächte* erzählen von diesem Ausnahmezustand, der auch nach Sonnenuntergang anhält und uns unvergessliche Stunden beschert. Alison Tyler hat atmosphärische Szenarien gesammelt, die eine Hitzewelle hervorrufen kann – viele von ihnen sind uns vertraut, wenn auch nur in unserer Vorstellung. Und was für kraftvolle sexuelle Fantasien das sind!

Sommer Marsdens *Gekocht oder gebacken* hat eine so kraftvolle Bildsprache, dass ich am Ende den Geruch des Strandfeuers in meinem Haar zu riechen glaubte. In der Story verbringt eine junge Frau die letzten Tage des Sommers, bevor sie zurück zur Arbeit muss, mit einem muskulösen Fremden am Strand. Aus einem Impuls heraus lässt sie sich auf eine gewagte Begegnung mit ihm ein.

In *Amys Tattoo* beschreibt die Autorin Shanna Germain, wie unwiderstehliche Lust durch das Entblößen nackter Haut in der Sommerhitze entsteht. Nach fünf Jahren bemerkt eine Frau zum ersten Mal das Tattoo ihrer Mitbewohnerin und wird von ihrer voyeuristischen Erregung mitgerissen.

Wie ich schon sagte, lässt uns die Hitze Dinge tun, von denen wir nie dachten, dass wir sie jemals machen würden. Genau so ergeht es der weiblichen Hauptfigur in *Vom Reiz absoluter Hingabe* von Savannah Stephens Smiths. Ein Drink mit dem Boss und den Bürokolleginnen führt zu der Erkenntnis, dass der Chef ein dominanter Mann ist und sie eine Frau, die die Unterwerfung liebt. Lesen Sie selbst, was passiert, als die beiden ein heißes Sommerrendezvous in einem Haus am Meer haben und sie für ihn strippt.

Es sind viele unterschiedliche Geschichten, und jede ist aufregend, gut erzählt und unvergesslich. Eine der verträumtesten, schmutzigsten, romantischsten und sicherlich erinnerungswürdigsten stammt von der Herausgeberin selbst, Alison Tyler.

In *Die Sommermädchen* finden wir uns an einem Strand wieder, wo Mädchen junge Kerle mustern, während über allem der Duft von Ananas-Kokosnuss-Sonnenöl und warmer salziger Meeresluft liegt. Doch eine der Träumereien ist heißer als die anderen und gilt einem, der bereits fort ist: einem gefährlichen jungen Kerl, der sich auf Fesselspiele und Spanking versteht und unserer Heldin unglaubliche Orgasmen verschafft, was die anderen Beachboys im Vergleich dazu blass aussehen lässt. Und was er getan hat, nun, das ist es wert, in diese heiße und einzigartige Sammlung aufgenommen zu werden.

Auf den Seiten von *Sinnliche Nächte* ist kein einziger Strandbesuch harmlos. Dieses Buch ist perfekt für einen Tag am Pool, wenn das Thermometer jeden Augenblick zu platzen droht, oder als heiße Urlaubslektüre in einem besonders kalten Winter. Mit seinen erotischen Geschichten über hemmungslosen Sex bei extremen Temperaturen wird *Sinnliche Nächte* auch in Ihnen das Fieber entfachen.

Bleiben Sie cool, und genießen Sie dieses heiße kleine Buch.

Violet Blue,
San Francisco

Einleitung

Sommer ... *it turns me upside down.*

Okay, das habe ich aus einem 80er-Jahre-Song gestohlen, und doch stimmt es. Meine liebste Jahreszeit beginnt mit einem Itsy-Bitsy-Teenie-Weenie-Honolulu-Strandbikini und endet, wenn die jungen Männer am Ende des Sommers verschwunden sind. Als kalifornisches Mädchen will ich mich das ganze Jahr über vom Sommer verzaubern lassen. Der salzige Geruch des Ozeans. Die Mittagshitze, tropisches Sonnenöl, Drinks mit Papierschirmchen und magische Nächte.

Aber ich vermute, dass es die Hitze ist, nach der ich mich in Wirklichkeit verzehre. Nach der Sinnlichkeit von heißer Haut und warmem Atem und einem leidenschaftlichen Kuss. Ob während eines Winterurlaubs oder auch nur in einem Tagtraum während eines plötzlichen, heftigen Sommerschauers. Ich glaube, damit will ich sagen, dass die Liebe im Sommer ein Gemütszustand ist.

Natürlich hat jeder von uns seine eigenen Erinnerungen, bei denen ihm heiß wird. Einige denken dabei vielleicht daran, wie sie es in einem Riesenrad getrieben haben, während die Kabine am höchsten Punkt stand und gerade die Sonne unterging. Oder ans Vögeln im Schutz einer einsamen Sanddüne. Oder daran, wie sie sich nach einer Nachbarin in ihrem knappen Bikini verzehrt haben. Für mich beginnt die perfekte

Beschreibung einer erotischen Hitzewelle in Nizza, dem Juwel im Süden Frankreichs.

Gute Mädchen kommen in den Himmel.

Böse Mädchen nach Nizza.

Ein T-Shirt mit diesem Aufdruck begrüßte mich, als ich auf meinem ersten Trip nach Europa aus dem Zug stieg, und ich muss gestehen, dass mir diese Vorstellung gefiel. Es war Zeit für mich, meine verdorbene Seite zu entdecken. Und wo kann man das besser als in einer Stadt, die sich auf Englisch *Nice* schreibt, also genauso wie das Wort »nett«?

An meinem ersten Abend in der Stadt machte ich einen langen Spaziergang am Strand. Ich fühlte mich sehr französisch, schlenderte am felsigen Ufer entlang und sah auf das Wasser. Ich war so darin vertieft, mir das Postkartenpanorama einzuprägen, dass ich den Mann an meiner Seite gar nicht bemerkte, bis er zu sprechen begann. In rasendem Französisch schien er mich etwas zu fragen oder etwas von mir zu wollen, von dem er hoffte, dass ich es ihm geben würde.

Er war gut aussehend, mit vollem schwarzem Haar und glatter, fast schon glänzender Haut. Er hatte sich die Sonnenbrille ins Haar geschoben, und ich konnte sehen, dass seine Augenfarbe wie das verwaschene Blau des Himmels war. Obwohl ich neugierig war, schüttelte ich den Kopf und setzte meinen Weg fort. Beharrlich folgte er mir, bis ich mich schließlich zu ihm umdrehte und murmelte: »Entschuldigen Sie mich, ich meine *moi. Je ne par…* Also ich spreche kein…« Sofort wich er zurück, bedauernd, und ging hinunter zum Strand, wo junge Schönheiten im Licht der letzten Sonnenstrahlen badeten. Sehnsüchtig sah ich ihm nach, und als er die Mädchen erreicht hatte, brachte er sie mit seinen Worten zum Lachen.

Ich fragte mich, was er zu ihnen sagte. Was er von ihnen wollte.

Dabei glaubte ich, es bereits zu wissen. Er wollte, was jeder in der Hitze des Sommers wollte, wenn der Himmel in einem blassen Rosa leuchtet, einem elektrisierenden Orange, allen Schattierungen von Türkis. Ich wollte dasselbe, doch ich wusste nicht, wie ich es ihm sagen sollte – nicht auf Französisch. Wusste nicht, wie ich es irgendwem sagen sollte, um ehrlich zu sein. Ich war viel zu schüchtern, um in welcher Sprache auch immer über meine Sehnsüchte zu sprechen.

Glücklicherweise teilen die Autoren dieser Sammlung nicht das Teenagertrauma meiner Sprachlosigkeit. Sie teilen ihre prickelnden Szenarien mit jedem, der bereit ist, sich ihnen zu öffnen und zuzuhören. Diese Schriftsteller sind scharf, und sie schenken uns von der Sonne verwöhnte Stories und tun dies mit der Hemmungslosigkeit von nackten Liebenden am Strand. In diesem Buch sind die heißesten Geschichten vereint, die Sie je gelesen haben, von der schmutzigen kleinen Eskapade in *Bräunungsstreifen* von Thomas S. Roche bis hin zum aufgestauten Verlangen in Sage Vivants *Die Jacht*. *Heiß und schwül* von Debra Hyde zeigt ungewöhnliche Wege, sich der Hitze zu stellen, während uns die Geschichte *Vor Publikum* des australischen Autors Matthew I. Jackson daran erinnert, dass nicht überall auf der Welt zur gleichen Zeit Sommer ist. Mehrere Autoren legen den Schwerpunkt auf erotische Erfahrungen mit einem außergewöhnlichen und exotischen Touch wie Maxim Jakubowski in *Was ich in den Ferien gemacht habe*, eine Story, die dem obligatorischen Schulaufsatz nach den großen Ferien einen ganz neuen Reiz verleiht.

Also setzen Sie die Sonnenbrille auf, reiben Sie sich mit einer tropisch duftenden Lotion ein, und machen Sie es sich auf Ihrer Segeltuchliege bequem. Denn diese sexy Geschichten werden Sie ganz sicher noch unterhalten, lange nachdem die Jungs (und Mädchen) des Sommers gekommen und auch wieder gegangen sind.

Ihre
Alison Tyler

Amys Tattoo

Shanna Germain

Zutaten:
15 ml brauner Rum
15 ml heller Rum
60 ml Ananassaft
60 ml Orangensaft
ein Spritzer Grenadine

Zubereitung:
Füllen Sie Rum und Saft an einem heißen Sommertag in ein großes gefrostetes Glas mit Eis. Gießen Sie die Grenadine darüber. Lehnen Sie sich zurück und trinken Sie einen Schluck – ist fast so gut wie eine kalte Dusche.

Ich möchte mit der Zunge darüberfahren. Ich kann nicht anders.

Zum Teil liegt es an der Farbe – dieses tiefe Rot, fast schon Purpur, dunkler als jede echte Erdbeere es sein könnte –, in die blasse Haut deines unteren Rückens gestochen. Sicherlich ist es auch die Erregung, es zum ersten Mal zu sehen, die wundervolle runde Form, die unter deinem weißen Bikini hervorlugt, während du hinter dem Haus im Garten liegst.

Mein Blick fällt darauf, als ich im Wohnzimmer noch kurz

die Blumen vor dem Fenster gieße – oder besser, als ich vorgebe, sie zu gießen, während ich in Wirklichkeit dich beobachte. Ich habe mir bereits meine Badesachen angezogen, mir ein Buch unter den Arm geklemmt und bin bereit, dir im Garten beim Sonnenbaden Gesellschaft zu leisten. Doch nun halte ich inne, bin gefesselt von dem Anblick, der sich mir bietet und von dem ich mich nicht losreißen kann. Ich weiß, dass du mich nicht durch die Scheibe sehen kannst, dennoch gibt mir die Gießkanne in der Hand eine Entschuldigung, vor dem Glas herumzutrödeln und deinen Anblick noch ein wenig länger zu genießen.

Du rekelst dich auf dem Badelaken und schiebst dein Bikinihöschen noch etwas weiter herunter, um dich möglichst überall zu bräunen, und da ist es: grüne Krone, und daran eine rote Beere – glänzend wie eine Frucht, die nur darauf wartet, berührt und gepflückt, gelutscht und geschluckt zu werden. Fast könnte ich deine schlanken Läuferinnenbeine vergessen, deinen nackten Rücken, die leuchtend roten Zöpfe, die auf die Seiten deines Buches fallen. Fast lässt es mich unseren Schwur vergessen, dass wir nur als Freunde zusammenleben wollen und dass wir niemals unsere fünfjährige Freundschaft ruinieren würden, indem wir zugeben, dass da mehr zwischen uns ist.

Ich kann nicht glauben, dass ich es in all den Jahren niemals gesehen habe. Du hast es gut unter den Pullis und langen Blusen versteckt, die du trägst.

Ist das Absicht?, frage ich mich. Weißt du, was du mir damit antust?

Ich halte die Gießkanne leicht gekippt, tue so, als konzentriere ich mich ganz auf den Feuchtigkeitsbedarf des Philodendron, und spüre, wie mein Mund trocken wird. Ich stelle mir vor, wie ich mich im Garten über dich beuge und mit der Zunge über das Tattoo fahre, spüre die Poren deiner Haut, als wären es Erdbeersamen, sauge dein süßes Fleisch an meinen Mund. Die kräftige rote Farbe passt zu deinem Haar und kontrastiert perfekt mit deiner blassen Haut. Ich frage mich, ob es dieselbe Farbe ist, die deine Nippel haben, wenn sie wie Himbeeren aufgerichtet und hart sind.

Ich stelle mir vor, dass ich es bin, der die Nadel hält, während du da liegst und nicht sehen kannst, wie ich Farbe schmerzvoll in deine Haut drücke. Du musst mir vertrauen, sage ich dir, presse meine Handfläche gegen deinen Rücken, damit du dich nicht bewegst, und du fügst dich, obwohl ich spüren kann, wie Angst über deiner Haut sirrt. Ich stelle mir vor, wie du dich ein klein wenig windest und versuchst, so zu tun, als täte es nicht weh – dass du den Schmerz nicht spürst, dass du dir das Tattoo nur wegen des Aussehen machen lässt und nicht wegen des Gefühls, das du währenddessen verspürst. Warum sonst auf dem unteren Rücken? An einer Stelle, wo der Schmerz so intensiv ist, dass deine Wirbelsäule vor Verlangen brennt. Ich weiß das ... denn auch ich habe eins an der gleichen Stelle, doch du hast es nie gesehen. Es ist älter als deins, ein weniger blasser inzwischen, die Umrisse weicher. Ich werde dir nicht sagen, was es ist, nur dass es auf jemanden wartet, der es begehrt und mit den Fingern darübergleitet, als würde er erotische Literatur in Brailleschrift lesen.

Ich fühle, wie meine Wangen glühen, und sage mir, dass es daran liegt, dass ich zu nahe am Fenster stehe. Doch ich weiß, dass das nicht die Wahrheit ist. Dein Kopf liegt nun auf deinen Händen, das Buch ist geschlossen, und ich frage mich, ob du schläft oder nur deinen Tagträumen nachhängst. Stellst du dir uns zwei zusammen vor? Fragst du dich manchmal, was passieren würde, wenn du nur ein einziges Mal beim Fernsehgucken über die Couch greifen würdest? Oder wenn uns die zufälligen kleinen Rempler im Flur innehalten und unsere Hände ausstrecken ließen, bis sich unsere Finger berühren und wir uns in die Arme nehmen und streicheln? Liegst du manchmal mit zärtlichen Fingern zwischen deinen Beinen nachts im Bett, wie ich es tue, und sagst immer wieder so leise einen Namen, so sanft, dass niemand außer dir es hören kann?

Ich sehe, wie du dich rührst und deine Beine leicht öffnest. Die Sonne steht hoch oben am Himmel, und ich stelle mir vor, dass du schwitzt und sich winzig kleine Schweißperlen auf deinem Tattoo sammeln wie Tau. Legte ich meine Zunge darauf, würde es salzig und süß schmecken, mehr nach Auster als nach Frucht. Genauso wie ich mir den Geschmack deiner rosa Lippen in meinem Mund vorstelle, wenn ich deine süßen Säfte trinke, bis du mich anflehst aufzuhören und gleichzeitig bettelst, es nicht zu tun. Die Haut unter deinem Tattoo wäre sonnenwarm, saftig, bereit für mich, perfekt, um mit zwei Fingern angehoben und in meinen Mund gezogen zu werden. Ich will mit dem Finger über deine Wirbelsäule fahren und herausfinden, wo die weiche Frucht endet und die Härte deiner Knochen beginnt.

Ich stelle die Gießkanne ab und lasse die Hände über meinen Bauch gleiten. Schläfst du?, frage ich mich, während ich die Hand in mein Bikinihöschen gleiten lasse, bereit, wenn es sein muss, unsere Freundschaft kaputt zu machen, weil ich einfach nicht länger hier sitzen und dich ansehen kann, ohne mich selbst zu berühren, ohne wenigstens so zu tun, als würde meine Zunge die Umrisse der roten Frucht entlangfahren und dein Fleisch schmecken. Ich bin so feucht, dass ich kein Gleitmittel brauche – ich fahre mit den Fingern über mein eigenes rosa Fleisch und reibe hin und her, stelle mir vor, es ist deine Hand und dass meine Hände deine Himbeernippel zwicken, dass ich – wenn du fertig damit bist, mich zu berühren – dich umdrehen und auf den Bauch legen und endlich das Fleisch unter deinem Tattoo schmecken werde. Der Gedanke daran macht mich so heiß, dass ich mich kaum auf den Beinen halten kann, den Kopf gegen die Scheibe lehne und die Augen schließe. Ich reibe weiter, bete, dass du nicht zu mir aufsehen wirst, und hoffe doch gleichzeitig, dass du es tust, denn ich kann nicht aufhören, will nicht aufhören. Der Geschmack von Erdbeeren erfüllt meinen Mund, und dann komme ich … versuche, nicht mit dem Kopf gegen das Glas zu schlagen, als mich die Strahlen der Lust zum Leuchten bringen.

Ich atme einige Male tief durch, bevor ich die Augen wieder öffne und sehe, wie du immer noch daliegst, den Kopf auf deinen verschränkten Armen. Doch als ich vom Fenster zurücktrete, bemerke ich, wie du nach hinten greifst und deine Bikinihose nach unten schiebst, tief genug, dass dein ganzes Tattoo zum Vorschein kommt. Der sanfte Schwung der Frucht, die Art, wie ihre Spitze nach unten und zur Mitte hin zeigt, wie ein Pfeil oder eine Einladung. Dann wirfst du einen Blick über deine Schulter und lächelst, und mir wird bewusst, dass du die ganze Zeit über gewollt hast, dass ich es sehe.

Vor Publikum

Matthew I. Jackson

»Es ist wie mit dem Sport«, argumentierte ich. »Cricket ist für den Garten, und Football spielt man mit Freunden, bevor man in den Pub geht.« Ich bin noch nie jemand gewesen, der auf dem Sofa sitzt und dabei zusieht, wie andere Spaß haben. »Beim Sport soll man nicht nur zuschauen, und genauso ist es hier.«

»Komm schon, das ist doch nur ein Scherz«, beharrte sie. »Ich will sehen, was daran so großartig ist. Vielleicht verpasse ich ja etwas.« Sie sah mich an, als ob sie sich Sorgen machte, durch ihren Kommentar wäre mein männliches Ego jetzt angekratzt. »Ach, komm schon, es ist nur Spaß.« Sie zog ihren Schmollmund, der Stahl schmelzen lassen konnte.

Es war der Moment, in dem ich wusste, dass ich das Spiel verloren hatte, das einen Monat zuvor begonnen hatte, an einem dieser strahlenden Samstagnachmittage, wie es sie nach Weihnachten gibt. Am blauen Himmel tummelten sich mehr Vögel und Bienen als Wolken, während die salzige Meeresbrise gerade stark genug war, um meinen gebückten Rücken während der Arbeit zu kühlen.

Dort, wo wir leben, ist der Spätsommer die Zeit der Buschbrände, und man muss das Unterholz beseitigen, um jedem potenziellen Feuer die Möglichkeit zu nehmen, sich bis in die Baumkronen hochzufressen, wo es niemand mehr kontrollieren kann. Eine Aufgabe, die uns daran erinnert, dass wir im Einklang mit der Natur leben müssen – die der Erde und wohl auch unserer eigenen. Da war ich also, in der Senke unterhalb unseres Hauses, wo ich sägte und nachdachte. Und als ich die Elektrosäge für einen Moment ausschaltete, hörte ich sie.

Zuerst war ich mir nicht sicher, was es war. Ich befürchtete schon, jemand würde vor Schmerzen schreien, bevor mir bewusst wurde, dass ich eine Frau auf dem Höhepunkt ihrer Lust hörte, irgendwo auf der anderen Seite unseres schmalen Tals. Mehr aus Neugier als vor Erregung ließ ich den Blick über die Häuser wandern, die ich sehen konnte, und fragte mich, in welchem sie sich befinden mochte. Ich konnte mir vorstellen, dass sie vielleicht auf dem Balkon oder im Garten war, so laut wie sich die Stimme anhörte, doch ich entdeckte niemanden.

Ich muss dort für mindestens fünfzehn Minuten gestanden haben, die Säge in der Hand, während ich dem körperlosen Stöhnen, Seufzen und Schreien lauschte. Jeder Augenblick wurde offenbar vom nächsten an Leidenschaft noch übertroffen, bis das plötzliche Verstummen der unsichtbaren Frau wie ein Schock kam. Während ich ihrer Lust gelauscht hatte, hatte ich mir ihren wechselnden Gesichtsausdruck vorgestellt. Sich so hingeben zu können, dachte ich, ist das Resultat von Reife und kommt in einer selbstbewussten Schönheit zum Ausdruck. Während ich so darüber nachdachte, musste ich an meine eigene kleine Ruthie denken, die es versteht, mir mit jedem gemeinsamen Tag noch mehr den Atem zu rauben.

In der Stille, die auf den Lärm – und vermutlich den Orgasmus der Frau – folgte, war ich mir der Erektion in meiner engen Short schmerzvoll bewusst. Hinzu kam, dass mir meine verrutschte Unterwäsche gegen die Eier drückte. Es gelang mir nur zum Teil, Ordnung in meine Hose zu bringen, bevor ich mit meiner Arbeit fortfuhr.

Vor meinem inneren Auge blitzten die rauen Hände und kräftigen kurzen Finger des Gärtners der Lawrences auf.

Später, als wir auf unserer Veranda Thai-Salat aßen, über die Schlucht schauten und die Kühle des Sonnenuntergangs genossen, kehrte die Erinnerung zurück. »Hast du heute Nachmittag die Frau gehört?«

»Welche Frau?«

»Du hast sie nicht gehört? Diese Frau irgendwo auf der anderen Seite des Tals hatte diesen außergewöhnlichen Orgasmus. Er dauerte eine halbe Ewigkeit, und ich dachte, jeder in der Straße muss ihn gehört haben.«

Ruthie fischte sich ein Stück mit Chili gewürztes Hähnchenfleisch aus der Schüssel, die zwischen uns stand, und kicherte. »Wirklich? Ich habe nichts gehört. Glaubst du, dass sie dort lebt? Hast du sie vorher schon mal gehört?«

»Vielleicht ist sie gerade erst eingezogen.«

»Warum sagst du mir nicht einfach Bescheid, wenn du sie wieder hörst.« Es war keine Frage, und ich war ein wenig überrascht von ihrem lüsternen Interesse.

Am nächsten Wochenende arbeitete ich wieder im Garten und widmete mich einer dieser Aufgaben, die angeblich den Wert des Grundstücks steigern. Ich hatte die Frau vollkommen vergessen, bis ich die Geräusche hörte. Wieder musterte ich die Häuserfronten, die ich von meinem Platz aus sehen konnte, dann erinnerte ich mich an Ruth.

»Diese Frau macht es schon wieder«, sagte ich und störte Ruth an ihrem Schreibtisch.

»Welche Frau?« Sie war mit den Gedanken bei ihrer Arbeit.

»Die Sex-Frau, die so laut ist. Die von letzter Woche.«

»Ja? Wirklich?« Sie schob sich an mir vorbei und warf die Glastür auf, die auf die Veranda führte.

Der Lärm drang in den Raum, begleitet von den Düften des Gartens und der Nachmittagssonne. Meine Frau stand in der Tür und lauschte konzentriert auf das Geräusch, während sich ihr Mund zu einem breiten Grinsen verzog und selbst ihre Augen lachten. Sie lachte laut auf, auf eine ungezogene Art, die sie normalerweise zu unterdrücken wusste. Ruth ließ sich gegen mich fallen, ihr Gesicht an meiner Schulter, und schnaubte. Ich stand da und fühlte mich irgendwie dämlich, während ich sie in den Armen hielt und wir der wachsenden Leidenschaft der unbekannten Frau lauschten.

Ruth, die immer noch mit dem Gesicht an mir lehnte und Tränen lachte, begann, mir über den Schritt meiner Jeans zu reiben. Sie suchte und fand den Reißverschluss, öffnete ihn und befreite meine wachsende Erektion.

Ich spürte die heiße Sonne auf der empfindlichen Haut und machte mir Sorgen, dass ich einen Sonnenbrand bekam, ein nicht ganz abwegiger Gedanke angesichts meiner karottenroten Haare und hellen Haut. Ruthies Finger spielten mit meiner Vorhaut und zogen sie über die Eichel, sodass mein Schwanz langsam hart wurde.

Meine freche kleine Frau kicherte leise, während die Schreie der Frau immer schriller wurden, und sie lächelte hoch zu mir, mit blitzenden Augen. Ich spürte, wie meine Erektion immer größer wurde und gegen die metallenen Zähne des Reißverschlusses drückten, und Ruthie änderte ihren Griff und nahm meinen Schwanz dann ganz in ihre Hand, knetete ihn mit immer schnelleren Bewegungen, bis es fast schmerzte. Ohne mir eine Wahl zu lassen, ließ sie ihre andere Hand zu meinem Hintern wandern und schob erst einen Finger in die Öffnung, dann einen weiteren.

Die Lust der Frau draußen wuchs weiter, während ich kam, mit verschwommenem Blick und schwindeligem Kopf, während Ruthie weitermachte mit dem, was sie tat. Mein Saft schoss über ihre Fingerknöchel; der Druck von hinten ließ mich hart bleiben.

Dann war die Frau still, und Ruth entspannte sich und gab mich frei. In die plötzliche Stille hinein begann ein Hund zu bellen, irgendwo unten im Tal, und dann gesellte sich ein weiterer dazu und noch einer.

Am folgenden Samstag verkündete Ruth, dass es mit dem Lunch etwas später werden würde. Geschäftig deckte sie den Verandatisch und trug Sekt, Baguette, Käse, Austern und andere Delikatessen auf. Ich bekam schon Angst, dass ich etwas Wichtiges vergessen haben könnte, Gäste oder einen Jahrestag, als sie mich schließlich zu Tisch rief, der lediglich für uns zwei gedeckt war.

»Was gibt es zu feiern?«

»Ach, nichts.« Das war eine offensichtliche Lüge, wie auch der Rock bewies, den sie trug. Zu Hause einen Rock anzuziehen war eigentlich nicht ihr Ding.

Sie schenkte mir ein Glas Sekt ein, dann schob sie die Platten mit dem Essen auf dem Tisch herum, bis alles zur ihrer Zufriedenheit war, während ich ihr dabei zusah und mich fragte, was eigentlich los war. Sie brach ein Stück Brot ab, bestrich es mit Avocadocreme und hielt es mir vor den Mund. Als ich gerade zum zweiten Mal hineinbiss, wurde unsere Zweisamkeit von den Geräuschen der Frau gestört, die sich einmal mehr ihrer Leidenschaft hinzugeben schien. Ich sah Ruth an, auf deren Gesicht sich ein erleichtertes Grinsen ausbreitete.

»Warum entspannst du dich nicht und lässt dich von mir füttern?« Und so schob sie mir Häppchen in den Mund. Brot, Käse, eingelegte Pilze, Oliven, ganz, wie es ihr gefiel.

Die Angelegenheit wurde immer leidenschaftlicher, und schließlich fischte sie mit ihren Fingern eine Auster aus der Schale. Doch statt sie zu essen, lehnte sich Ruth zurück, schob sich mit der freien Hand den Rock hoch und entblößte ihre beharrte Muschi. Sie fuhr mit der Auster ihre Spalte entlang, bevor sie das cremige Fleisch vor mein Gesicht hielt. Ich beugte mich vor und öffnete den Mund, doch sie wich zurück und schob sich den Happen in den eigenen Mund. Ihr Lächeln wurde noch breiter, ihre Lippen glänzten.

Während sie mit dem Hintern auf der Stuhlkante saß, schob Ruth ihren Fuß in meinen Schoß und drückte ihn gegen meine Erektion. Ihre intimen Lippen öffneten sich. Sie rieb mit einer weiteren Auster darüber und lockte mich dann, indem sie sie zwischen uns hielt.

Als ich mich vorbeugte und mir das Schalentier mit dem Mund schnappte, griff mir Ruth ins Haar und zog mein Gesicht in ihren Schoß. Ich genoss den salzigen Geschmack auf der Zunge und versuchte Meerestier von Frau zu unterscheiden, als sie ihre Position veränderte. Indem sie mir ihre Fersen unterhalb der Schulterblätter in den Rücken presste, brachte sie ihre Öffnung genau vor meine Zungenspitze. Ich drückte sie in Ruth hinein und schmeckte das metallische Aroma ihrer heißen Wände, während ich mit der Nase über ihre Perle rieb.

Mein Ständer und meine Eier schmerzten, gefangen zwischen Schoß und Bauch. Ich zog meine Beine zurück, sodass der Stuhl kratzend über den Boden fuhr, bis er schließlich umkippte, als ich meine Arme unter Ruths Beine schlang und mit den Händen unter ihr Shirt glitt, wo meine Finger ihre Nippel fanden. In meinen Ohren, die an Ruths Schenkeln lagen, dröhnte das Blut und mein keuchender Atem, und ich schob mich bis zur ihrem Schoß vor.

Ich war verloren in meiner Lieblingswelt, nass und aromatisch, und presste meine Zunge in ihre Möse, wo ich die unebene Textur erforschte. Dann drückte sich Ruth härter gegen mich, und ihre geschwollenen Lippen rieben über mein Gesicht. Ich wusste, dass sie kurz davor war zu kommen, und stellte mir die Emotionen auf ihrem geröteten Gesicht und ihre aufgerissenen Augen vor. Sie spannte die Schenkel an, die mir die Ohren gegen den Schädel drückten, als ich meine Zunge noch tiefer in sie grub, gierig nach dem ultimativen Geschmack, bevor sie mich aus ihrer zärtlichen Umarmung entlassen würde.

Und so kam es, dass Ruthie entschied, die dritte Person in unserem Stelldichein kennenlernen zu müssen. Im Copyshop ließ sie sich die Straßenkarte unseres Vororts vergrößern, suchte die andere Seite des Tals mit meinem Fernglas ab und markierte alle Häuser, die ihrer Ansicht nach infrage kamen. Und wenn wir an einzelnen Frauen oder auch an Paaren vorbeikamen, lehnte sie sich an mich und flüsterte: »Denkst du, das könnte sie sein?«, oder: »Was glaubst, was für Geräusche sie dabei macht?« Später in der Nacht, wenn wir uns unter die Bettdecke kuschelten, hatte sie diesen schweren Duft, während sie mich zu hastigem Sex drängte.

Ich fragte mich, wo die Grenze zwischen harmlosem Vergnügen und Stalking, Abwechslung und Fixierung lag. Wir hatten diesbezüglich unterschiedliche Ansichten, und doch fieberten wir die Woche über mit steigender Erregung dem nächsten Samstag entgegen.

Endlich war der Tag gekommen, und Ruth sah einfach unwiderstehlich aus. In ihren Boots, mit knackigen Shorts und harten Nippeln, die sich unter ihrem T-Shirt abzeichneten, leuchtete sie förmlich vor Erwartung. Ich genoss ihren Anblick, während wir wieder einmal über unsere Auffassungen stritten: Da war Ruths Wunsch auf der einen Seite und auf der anderen meine Überzeugung, dass Sex kein Sport für ein Publikum war, selbst wenn mich die Hitze meines härter werdenden Glieds einen Heuchler schimpfte. Und so warteten wir schließlich und wussten dabei beide, dass wir uns auf die Suche nach unserer ahnungslosen Partnerin machen würden.

Und warteten.

Bis uns die Kühle des Abends, Hunger und unsere Enttäuschung zurück ins Haus trieben.

Keiner von uns hatte Lust zu kochen, und es wurde ziemlich spät, bevor wir uns dazu entschlossen, in ein Restaurant zu gehen. Während wir aßen, fragten wir uns, was die geheimnisvolle Frau dazu veranlasst haben mochte, ihre Gewohnheit aufzugeben. Vielleicht, so überlegten wir, war sie sich unserer Spielchen bewusst geworden. Vielleicht hatte sie uns sogar auf der Veranda zugeschaut und war von ihrer eigenen Leidenschaft davongetragen worden. Während des Desserts fand Ruths Knie ihren Weg zwischen meine Beine, und ich sah ihr ins Gesicht.

Da war es wieder, dieses ganz spezielle Lächeln.

Die Jacht

Sage Vivant

Renée verrieb eine weitere Schicht Sonnenmilch auf ihrer blassen Haut. Sie liebte die Sonne, auch wenn diese Liebe offensichtlich nicht auf Gegenseitigkeit beruhte. Sie hatte sich geschworen, leicht gebräunt nach Minnesota zurückzukehren, und wenn sie Wochen damit zubringen müsste, das Melanin an die Oberfläche zu locken.

»Reich mir die Lotion, wenn du fertig bist«, forderte Pamela sie von der Nachbarliege aus auf. »Natürlich nur, wenn du noch was übrig lässt«, fügte sie hinzu, während sie sich schützend die Hand über die Augen hielt, um Renée aufmerksam zu betrachten.

»Hättest du selbst welche gekauft, müsstest du jetzt nicht betteln«, entgegnete Renée gut gelaunt und warf ihrer Freundin die Flasche zu.

»Bitte, meine Damen. Es gibt noch mehr Sonnenmilch auf der Insel. Da bin ich sicher. Wir sollten unsere Laufburschen schicken, damit sie uns welche bringen«, warf Susan ein und blickte verschmitzt zur Besatzung hinüber.

Keine der Frauen wusste mit Bestimmtheit, ob einer der drei Männer mehr auf Englisch sagen konnte als »Bitte« und »Danke«. Pamela und Susan unterhielten sich in Anwesenheit der Männer ganz ungeniert; Renée war in dieser Hinsicht vorsichtiger. Ihr Instinkt sagte ihr, dass diese Burschen schon auf einer ganzen Menge Boote unterwegs gewesen waren und wahrscheinlich mehr Sprachen sprechen konnten, als sie Schuhe besaß. Sie würde diskret sein, bis sie mehr wusste.

»Ja, aber wenn wir sie von Bord schicken, um unsere Wünsche zu erfüllen, müssten wir auf ihren Anblick verzichten. Und wer von uns wollte das schon?« Pamela hatte sich aufgesetzt und strich die Lotion nun mit langen Bewegungen über ihre gebräunten Arme. Sie zwinkerte Susan zu und lächelte Adam an, der gerade schüchtern in ihre Richtung blickte.

»Gott, diese Jungs sind wirklich gut gebaut, findet ihr nicht auch?«, bemerkte Susan, während sie ungeniert Tylers geschmeidige Bewegungen verfolgte, während er einige Kisten vom Unter- auf Oberdeck hievte.

Renée seufzte. »Ehrlich, man könnte meinen, ihr zwei hätten noch nie einen Mann gesehen.« Mit einer bestimmten Bewegung zog sie sich ihr Sonnencap tiefer ins Gesicht.

»Ich glaub's ja nicht«, japste Pamela, begleitet von einem leisen Stöhnen, das von Susan kam. Renée zog sich den Schutz wieder hoch und sah ihre Freundinnen an, deren Aufmerksamkeit von etwas zu ihrer Rechten gefesselt war. Sie drehte sich um und sah Dean, der mit nacktem Oberköper die Reling putzte, mit angespanntem Bizeps, der in der heißen Sonne pulsierte.

»Mmmm, ich weiß, was du meinst«, bemerkte Renée mit neugierigem Blick.

»Diese Jacht zu mieten war die beste Idee, die du je hattest, Renée. Reisen kann den Horizont enorm erweitern, findest du nicht auch, Pamela?«

»Stör mich nicht beim Dahinschmelzen«, sagte Pamela nur halb im Scherz.

Die Frauen lachten und lösten ihre Blicke von den Männern, die mit höflicher Geduld lächelten.

»Alles an ihnen ist so knackig und bis ins Detail perfekt«, sagte Susan, als ob die Männer gar nicht anwesend wären. »Jeder von ihnen ist wie ein kostbares handgefertigtes Instrument.«

»Wie komme ich nur auf die Idee, dass du dabei ausschließlich an ein ganz bestimmtes Instrument denkst?« Renée kicherte, während sie immer noch heimlich beobachtete, wie sich Deans Muskeln an- und wieder entspannten. Die Mittagssonne ließ eine tiefe Unruhe in ihr wachsen, und sie fragte sich, ob sie aufstehen und etwas herumschlendern sollte, um diese wieder abzuschütteln.

»Habt ihr schon mal so pralle kleine Hinterteile gesehen?«, fragte Pamela.

Renée wollte die Bemerkung nicht kommentieren, denn sie hatte tatsächlich noch nie so göttliche Männerkörper auf einem Fleck und aus der Nähe gesehen.

»Oh Mann, da läuft einem das Wasser im Mund zusammen, oder etwa nicht?«, fragte Susan.

Dean fing Renées Blick auf, hielt ihn fest und schenkte ihr ein wissendes Grinsen.

Ich sollte mir wieder mein Sonnencap ins Gesicht ziehen, dachte sie. Doch sie konnte sich einfach nicht rühren, während er sie so ansah.

Sie hörte, wie ihre Freundinnen miteinander sprachen, und vermutete, dass sie wahrscheinlich sogar mit ihr redeten. Sie stellte sich vor, wie sie mit der Zunge über Deans Brustbein fuhr, über das ihm in einer dünnen Linie der Schweiß lief.

»Renée!«

Verwirrt schreckte sie auf und drehte sich zu Pamela um. »Was ist?«

»Was findest du, welcher Seemann hier hat den knackigsten Hintern?«

»Oh, guter Gott«, keuchte Renée und griff nach ihrem Weinglas. Sie trank ein paar kühle Schlucke und holte tief Luft. Sie war sich der Nässe zwischen ihren Beinen sehr wohl bewusst, und sie spürte, wie ihre Spalte unter dem Bikinislip vor Verlangen anschwoll.

»Bevor ich nicht weiß, wie gut diese Jungs unsere Sprache tatsächlich verstehen, behalte ich mein Urteil für mich«, antwortete sie schließlich.

»Du hast mich gerade auf eine Idee gebracht«, sagte Pamela und stand vorsichtig auf. Sie hatte schon einige Gläser Wein seit dem Frühstück getrunken. Sie stemmte die Hände in die Hüften und richtete sich mit entschlossener Stimme an die Crew.

»Gentlemen! Würden Sie bitte Ihre wunderbaren Körper hierherbewegen, damit ich einen Sieger küren kann?«

Susan lachte prustend auf, wobei sich Verlegenheit mit Erleichterung mischte. Renée schüttelte lächelnd den Kopf.

Zu ihrer Überraschung kamen alle drei Männer näher und bewegten sich dabei wie hungrige Panther auf die Frauen zu. Renée blieb ganz still liegen, während sich die kribbelige Vorfreude zwischen ihren Schenkeln auf ihren ganzen Körper ausbreitete.

»Da hast du es«, flüsterte sie ihrer vorlauten Freundin zu.

»Nun, wenigstens wissen wir jetzt, dass sie uns verstehen«, erwiderte Pamela, die ganz offensichtlich stolz darauf war, für diesen ungeplanten und irgendwie auch peinlichen Wettbewerb verantwortlich zu sein.

Adam und Tyler hatten ihre weißen Uniformen an; Dean trug nur seine Hose. Die Männer lächelten und warteten bereitwillig auf weitere Anweisungen. Ja, für Renée stand fest, dass diese Männer schon auf vielfältige Weise auf See gedient hatten.

Pam setzte sich wieder auf ihre Liege, diesmal mit einer Selbstgefälligkeit, die ihr nicht stand. Dass die Männer das Spiel tatsächlich mitspielten, kam unerwartet, und sie brauchte einen Moment, um sich wieder zu fangen.

»Sag ihnen, sie sollen sich umdrehen«, flüsterte Susan.

»Frag sie doch selbst!«, gluckste Renée. »Schließlich verstehen sie uns!« Sie wusste nicht, was unterhaltsamer war: diese attraktiven Männer zu betrachten oder zu sehen, wie ihre Freundinnen wieder zu Teenagern mutierten.

Pamela nahm einen Schluck Wein, um etwas Zeit zu gewinnen, bevor sie das Lächeln dieser willigen, perfekt gebauten Männer erwiderte, die da vor ihr standen. Ihr Mut kehrte zurück und ließ ihre Augen abenteuerlustig aufblitzen.

»Es gibt ungleiche Voraussetzungen«, ließ sie die anderen wissen. »Dean ist der Einzige, der kein Shirt trägt. Ihr beiden werdet eure Shirts ebenfalls ausziehen müssen.«

Adam und Tyler gehorchten, ohne zu zögern. Ihre definierten Brustmuskeln brachten die staunenden Frauen zum Schweigen, während die Männer weiter grinsten.

Aus jeder Pore strömte eine intensive Männlichkeit, die Renée gleichzeitig kühn und schwach werden ließ. Sie griff nach ihrem Weinglas, den Blick fest auf Deans festen, glänzenden Oberkörper gerichtet.

»So ist es besser«, sagte Pamela und musterte Adams breite Brust ein wenig länger als nötig. Er zwinkerte ihr zu.

»Nun ja. Wir haben versucht, uns zu entscheiden, wer von euch den knackigsten Hintern hat.«

Adam zog die Augenbrauen leicht zusammen und drehte sich zu Tyler, der etwas murmelte, was die Frauen nicht hören konnten. Doch Adam schien Pamelas Worte nur zu gut zu verstehen und drehte sich zurück zu ihr, jetzt mit hochgezogenen Brauen und einem erneuten Glanz in den Augen.

»Wenn ihr euch also bitte alle umdrehen würdet, damit wir uns ein genaues Bild machen können …« Verschämt zeichnete sie mit dem Zeigefinger eine kreisende Bewegung.

Die Seeleute folgten der Aufforderung alle gleichzeitig und wie auf Knopfdruck. Ihre V-förmigen Rücken verjüngten sich nach unten hin und gingen in knackige Hintern über, von denen jeder seine eigenen Vorzüge hatte. Adams war klein und keck. Tylers versprach handfeste Erfüllung, und Deans war überraschend groß im Verhältnis zu seinem restlichen Körper.

»Oh, das wird schwieriger, als wir dachten. Findet ihr nicht, Ladies?«, stellte Susan fest, während sie sich ihr Weinglas, auf dem sich Kondenswasser gebildet hatte, an die Stirn hielt.

»Ihr zieht wohl besser mal eure Hosen aus«, forderte Pamela mit vorgeblichem Ernst.

Freudige Seufzer entfuhren den Frauen, als die Besatzung dann vor ihnen stand, jeder von ihnen ihn im gleichen String. Hatten sie sich bereits zusammen auf eine solche Gelegenheit vorbereitet?

So viel geschmeidige Perfektion! Und nicht ein einziger Bräunungsstreifen war sichtbar. Die Frauen waren sich nicht länger ihrer Freundinnen bewusst; sie sahen nur noch das knackige Fleisch, das sich unter dem winzigen Stück Stoff abzeichnete.

Pamela rührte sich als Erste. Sie kniete sich hinter Adam, legte die Hände auf seine Hüften und biss ihn in die linke Backe. Er jaulte auf, lachte. Sie erhob sich und legte die Hand auf die Stelle, in die sie ihre Zähne gegraben hatte. »Du gewinnst«, flüsterte sie heiser in seinen Nacken. Er drehte sich um, um sie anzusehen.

»Folge mir, und ich zeige dir deinen Preis.« Sie nahm seine Hand und führte ihn hinunter in ihre Kabine.

Tyler warf einen Blick über seine Schulter und suchte nach einem Hinweis, wen und was sich die verbliebenen Frauen wünschten.

»Wir entscheiden uns noch«, ließ Susan ihn wissen. Sekunden später war sie auf den Füßen und presste sich an Tylers Rücken, die Hände auf seinem Hintern.

»Meine Wahl fällt auf dich«, sagte sie und drückte die Finger leicht zusammen.

»Das gefällt mir«, entgegnete er und hob die Finger zu ihren Brüsten, als er sich umdrehte. Sie küsste ihn, während seine Hand in ihrem Bikinioberteil verschwand. Dann gingen sie zu Susans Kabine.

Die gleißende Sonne fiel auf Deans kräftigen Rücken. Er bewegte sich nicht.

»Vermutlich sollte ich dir sagen, dass ich bei diesem Spiel nicht mitmache«, erklärte Renée aus ihrer halb liegenden Position. Der Tag, an dem sie sich angreifbar machte, indem sie den ersten Schritt beim Sex machte, würde niemals kommen. Wer die Initiative ergriff, konnte zurückgewiesen werden, und das kam nicht infrage. Sie war stolz auf ihre raffinierteren Methoden der Verführung.

Bei ihren Worten präsentierte das Objekt ihrer Begierde sich ihr frontal, und die Wölbung unter seinem String sagte ihr alles, was sie wissen musste. Sie sah von dort in sein Gesicht – mit einem kritisch-distanzierten Ausdruck, wie sie hoffte. Was für ein Vergnügen es wäre, diesen Adonis verrückt vor Verlangen zu machen! Sie verrieb einen Klecks Sonnenmilch in den Händen. »Nun, es tut mir leid, dass du nicht die gleiche Art von Vergnügen wie deine Kumpel haben wirst«, sagte sie mit beiläufigem Tonfall, während sie die Lotion auf ihren Armen verteilte. Dann widmete sie sich ihrer Brust, um dort mit langsamen Bewegungen für das perfekte Auftragen des Sonnenschutzes zu sorgen. Sorgfältig widmete sie sich der Spalte zwischen ihren Brüsten, wobei sie so tat, als wäre sie sich seiner Anwesenheit gar nicht bewusst.

Sein Schatten kam auf sie zu. Obwohl sie ihm nicht die Genugtuung geben wollte, ihn zu bemerken, war sein männlicher Geruch nach Schweiß und Meer wie ein Aphrodisiakum für sie. Sie fuhr fort, sich mit der Lotion einzucremen.

»Warum gibst du mir nicht die Flasche, damit ich dir zeigen kann, wie das Zeug aufgetragen wird?«

»Himmel! Du bist Amerikaner!«, rief sie aus und suchte seinen Blick.

Vor Erleichterung lächelte er, und sein gebräuntes Gesicht wirkte dadurch noch attraktiver.

»Ja. Macht mich das weniger interessant?«

»Wer sagt denn, dass du vorher interessant warst?«

»Reichst du mir jetzt die Flasche, oder nicht?«

»Wenn du darauf bestehst«, gab sie nach und ließ die Flasche in seine geöffnete Handfläche fallen. »Du kannst mir den Rücken eincremen, wenn du möchtest«, fügte sie hinzu und beugte sich vor, um es ihm leichter zu machen.

»Es ist nicht dein Rücken, auf den ich ein Auge geworfen habe«, entgegnete er und ließ seine Finger unter die Träger ihres Bikinis gleiten, die sie sich bereits von den Schultern geschoben hatte, um weiße Streifen zu vermeiden. Sein Geruch, so nahe nun, ließ sie schwindeln. Ihr Bikinihöschen klebte im Schritt, nass von ihren Säften.

Er zog an den Trägern, und ohne Protest sah sie zu, wie der Stoff, der ihre Brüste bedeckte, langsam nach unten glitt und in Zeitlupe die weiße Haut entblößte. Ihre Nippel standen in der Sonne vor, als wollten sie die Windrichtung bestimmen.

»Karibische Frauen legen sich oben ohne in die Sonne. Das gibt keine Bikinistreifen«, erklärte er mit sanfter, heiserer Stimme, bevor er seine großen Hände auf ihre üppigen Brüste legte. Er massierte sie mit einer sinnlichen Aufmerksamkeit, als ob jede Pore seiner Berührung bedurfte. Er knetete und streichelte sie, während Renée tapfer dagegen ankämpfte, vor Lust aufzustöhnen.

»Weißt du, Bikinistreifen spielen in Minnesota eigentlich keine Rolle.« Es gefiel ihr nicht, dass ihre Stimme zitterte, doch vielleicht bemerkte er es gar nicht.

Dean grinste nur, ohne etwas zu sagen. Seine Hände fuhren entschlossen über ihre Kurven. Als fast die ganze Sonnenmilch eingezogen war, kniff er leicht in ihre erregten Nippel, rollte und zog an ihnen, bis sie sich unter seiner Berührung wand.

Und dann hielt er inne.

Sie griff sich ins Haar und zog wütend daran. Er stand nun neben ihr, und seine geschwollene Männlichkeit drängte gegen seinen Slip. Warum konnte sie nicht den Anfang machen? Sie konnte sich nicht mehr daran erinnern.

Sein Schoß näherte sich ihrem Gesicht. Während sie sich vorbeugte, fragte sie sich kurz, ob sie es nicht besser lassen sollte. Noch bevor sie eine Entscheidung treffen konnte, befreite er seinen Schaft, und sie hatte ihn in ihrem Mund.

Dann stöhnte sie. Hemmungslos. Sein betörendes Aroma und das pralle Fleisch, das sich in ihrem Mund vor- und zurückschob, und dann wieder seine Hand auf ihrer Brust – ihr schwirrte der Kopf vor unaussprechlicher Wonne. Er beugte sich hinunter, um sie aufs Haar zu küssen. Als Antwort griff sie um ihn herum und nahm eine seiner strammen Backen in ihre hungrige Hand.

Nach wenigen Minuten wich er zurück und flüsterte: »Nein.« Zu wem sprach er? Zu sich selbst? Zu ihr?

Sie war noch lange nicht fertig mit diesem Mann.

»Was ist los?«

»Ich glaube nicht, dass ich mich noch länger zurückhalten kann, verstehst du?«, sagte er leicht verlegen.

»Soll ich also auch unbefriedigt bleiben?«

»Nein, ich will dir Befriedigung verschaffen. Sehr sogar. Das will ich schon, seit ich dich zum ersten Mal gesehen habe.«

Spielte er etwa mit ihr? Verwirrung vermischte sich mit körperlichem Verlangen, und ihre Vernunft hatte sich verabschiedet. Sie wollte ihn und war doch gleichzeitig unglaublich wütend und aufgebracht. Die See tanzte um sie beide herum, und außer dem gelegentlichen Geschrei der Seemöwen war sonst nichts zu hören. Der Moment schien sich ewig hinzuziehen. Sie wusste, dass er sie nicht quälen wollte. Sie spürte, dass er ein guter Kerl war. Und instinktiv wusste sie, dass er ein fantastischer Liebhaber sein würde. Und doch konnte sie ihre Frustration nicht abschütteln, für die er verantwortlich war. Bis ihr eine Idee kam.

»Ich möchte, dass du dich quer über mich legst.«

»Was?«

»Mit dem Gesicht nach unten, sodass dein Hintern in die Höhe ragt.«

Grinsend zuckte er mit den Schultern, sein Schaft immer noch steinhart. Er legte sich quer über ihre zarten Beine und wollte sie gerade fragen, ob es so richtig war, als er den ersten Schlag auf seinem Hintern fühlte.

Ah! Das fühlte sich gut an! Sie schlug ihn noch einmal, mit derselben ernsten Verspieltheit wie beim ersten Mal. Seine

Backen zuckten nicht einmal unter ihren kläglichen Hieben. Sie genoss den Anblick seiner angespannten gut gebauten Rückseite.

Während sie sich mit ihren nackten Brüsten gegen ihn drückte, flüsterte sie: »Steh auf, damit wir in meine Kabine gehen können.«

Er gehorchte sofort, und sie sah, wie hart seine Erektion nun war. Sie erhob sich, nahm seine Hand und führte ihn in die Richtung, in die ihre Freundinnen zuvor verschwunden waren. Sie kicherte, als sie die Stufen hinabgingen. Er mit seinem Ständer, der neben seinem String hervorstand, sie mit frei schwingenden Brüsten. Er schien zu ahnen, was sie so amüsierte, und wollte seinen Schaft in den Slip zurückschieben. Sie hielt ihn zurück.

»Warum willst du ihn einpacken? Du wirst ihn schon sehr bald brauchen.«

In der Privatheit ihrer Kabine konnten sie nicht anders, als dem wilden Gestöhne und den hämmernden Geräuschen aus den anderen Kabinen zu lauschen. Renées Erregung wurde noch größer, und sie konnte es kaum ertragen, ihn noch immer nicht in sich zu spüren.

Sie legte ihn rücklings aufs Bett, stieg auf ihn und schnappte nach Luft, als er schließlich in sie drang. Der Sex mit ihm ließ für Spielereien keinen Raum mehr und sie wie Kinderkram erscheinen.

Jede Bewegung, jede Berührung schien Stromstöße durch ihren Körper zu schicken, doch ihr Herz sagte ihr, dass mehr dahintersteckte als nur Lust. Als sie beide zum Höhepunkt kamen und sich in den Armen lagen, fragte sie sich, ob kühler Wein und brütende Sonne nun als sichere Garanten des Glücks für sie verloren waren. So sehr hatte sie sich auf Dean eingelassen und er sich auf sie.

»Ich arbeite seit Jahren auf diesen Jachten – was gerade passiert ist, ist alles andere als Standard.«

Die Frauen verließen ihre Kabinen bis zum nächsten Morgen nicht. Zu Renées Erstaunen behandelten ihre Freundinnen die Crew so, als sei am Tag zuvor nichts geschehen. Die Männer waren da, um zu dienen, und die Frauen, um bedient zu werden. Als sie ihre Plätze auf den Sonnenliegen einnahmen, konnte Renée ihre Neugier nicht länger zügeln.

»Nun, Ladies, ihr seid furchtbar schweigsam heute Morgen, was so gar nicht zu dem passt, was ich in der letzten Nacht aus euren Kabinen gehört habe.«

Pamela stöhnte, und Susan zuckte mit den Schultern. Beide kämpften offenbar mit einem Kater.

»Es war fantastisch. Alles, was man sich wünschen kann, ehrlich. Aber ich weiß auch nicht. Sonst war da nichts. Jetzt müssen wir sehen, dass wir weitermachen wie bisher, nehme ich an.« Pamela senkte die Stimme und fuhr fort: »Er hat da oben nicht sehr viel zu bieten, wenn ihr versteht.« Sie tippte sich mit dem Finger an die Schläfe.

»Sind das beides Amerikaner?«, wollte Renée wissen.

»Yeah, und das war eine ziemliche Enttäuschung«, beschwerte sich Susan. »Sie hätten wenigstens so tun können, als wäre es nicht so. Hätten irgendein Land erfinden können oder etwas in der Art. Was haben wir schon für eine Ahnung?«

Sie lachten. Während sie sich noch über den kleinen Scherz amüsierten, näherte sich Dean, frisch geduscht und in einer blitzsauberen Uniform. Er trug ein Tablett mit gekühlten Weingläsern.

»Und was ist mir dir, Renée? Wie ist es bei dir gelaufen?«, fragte Pamela.

Renée senkte den Blick, enttäuscht von Susans Mangel an

Taktgefühl. Wie sollte sie die Frage beantworten, wenn Dean direkt vor ihr stand? Ein peinliches Schweigen zwischen den vieren entstand, bis Dean ihre Hand nahm und sie küsste.

»*Ce soir, ma chérie?*« Sein Französisch war perfekt.

»*Mais oui*«, flüsterte sie und drückte seine Hand, glücklich über diesen Auftritt vor ihren Freundinnen.

Dean ging davon und schien dabei Sex und Vertrauen zu verströmen. Renée lächelte noch immer.

»Gehe ich richtig in der Annahme, dass hier jemand ein Rendezvous plant?«, wollte Susan wissen.

»Aber sicher doch. Auf Französisch!«, jammerte Pamela.

Renée lachte nur fröhlich auf, denn sie hatte nicht die Absicht, Details über ihre Nacht mit Dean preiszugeben. Absichtlich mied sie die Sonne und trank auch weniger als am Tag zuvor, um zu testen, ob diese beiden Faktoren für das Feuerwerk in ihrer Kabine verantwortlich gewesen waren. Dean hielt respektvollen Abstand, doch wann immer ihr Blick auf ihn fiel, wenn er über das Deck ging, beschleunigte sich ihr Puls.

Als sie sich fürs Dinner umzog, hörte sie ein schüchternes Klopfen an ihrer Tür.

Sie öffnete und sah Dean, der ein großes Tablett mit Essen für zwei in den Händen hielt.

»Ich hatte gehofft, dass wir zusammen essen würden«, sagte er sanft, fast zögerlich. Wie anbetungswürdig, dachte sie nur. Er denkt tatsächlich, dass ich ihn fortschicken könnte. Sie bat ihn in ihre Kabine, wo sie bei Kerzenschein frischen Wolfsbarsch aßen. Für den Rest des Trips sahen Pamela und Susan Renée nur noch bei Tageslicht. Denn in den folgenden Nächten, auch als die Jacht schon lange wieder angelegt hatte, genossen Dean und Renée ihre Zweisamkeit – und das nicht nur beim Abendessen.

Sex auf Eis

Stephen Albrow

Glaub mir, mein Freund, was würde ich nicht für ein Cabrio geben. Tage wie der gestrige sind einfach für solche Autos gemacht, aber wir haben Kinder, und so hat Marie darauf bestanden, stattdessen eine sichere, verlässliche Familienkutsche zu kaufen. Eigentlich wäre das nicht so schlimm, doch es ist eine Fünf-Stunden-Fahrt von Maries Eltern zurück zu unserem Apartmentblock auf der Upper West Side von Manhattan. Im Winter ist die Fahrt gerade noch erträglich, wenn es allerdings ein heißer Augusttag ist wie gestern, dann läuft mir der Schweiß in Strömen herunter. Gott, bis wir endlich wieder zu Hause waren, habe ich auf diese Weise vermutlich vier bis fünf Pfund verloren. Und wenn man dann in der Wohnung feststellt, dass die Klimaanlage den Geist aufgegeben hat, dann ist das so ziemlich die schlimmste Art, einen Urlaub zu beenden, der bis dahin eigentlich ganz entspannt war.

»Der Hausmeister sagt, sie ist schon den ganzen Tag über kaputt«, sagte Marie zu mir, als sie den Hörer auflegte. »Und vor Donnerstag ist kein Mechaniker zu bekommen«, fügte sie hinzu, während sie sich das T-Shirt auszog.

Wir hatten die Kinder bei Maries Eltern gelassen, und so war es kein Problem, dass sie halbnackt im Haus herumlief.

Ich sah hinüber zu ihr, wie sie so in Jeans und BH dastand. Sie sah wirklich süß aus, doch alles, woran ich denken konnte, war dieser alte Cole-Porter-Song, dass es *Too Darn Hot* war – zu verdammt heiß. Ich ging zu ihr hinüber und drückte ihr einen Kuss auf die Lippen. »Diese Hitze bringt mich um«, sagte ich, dann drehte ich mich zum Kühlschrank in der Hoffnung, dort ein eiskaltes Bier zu finden.

Es waren zwei Flaschen Corona darin. Ich öffnete sie und reichte eine davon Marie. Sie nahm einen Schluck aus der Flasche und presste sie sich dann gegen die Stirn wie ein Kühlpack. Als sie sie wieder von dort wegnahm, standen kleine Feuchtigkeitsperlen auf ihrer Haut, direkt unterhalb des Haaransatzes.

Ich beugte mich vor, drückte meine Lippen auf ihre Stirn und küsste die Tröpfchen weg. Marie antwortete, indem sie die Arme um mich schlang, sodass sich ihre Titten eng an meine Brust drückten. Als sie mich wieder losließ, trat sie einen Schritt zurück und begann, mir das Hemd aufzuknöpfen. Dann forderte sie mich auf, mir die Schuhe auszuziehen. Kaum hatte ich das getan, zog sie mir die Hose über die Hüften.

Nach der brütenden Hitze während der Autofahrt fühlte es sich gut an, nackt zu sein. Ich trank von meinem Corona, während sich Marie hinkniete, um mich von meinen Socken zu befreien. Als sie fertig war, griff ich nach ihrer Hand und half ihr wieder auf. Ich stellte unsere Bierfaschen auf dem Beistelltisch ab, griff um Marie herum und öffnete ihren BH. Ihre Brüste waren schweißbedeckt und glänzten in den letzten Sonnenstrahlen, die durch die Fenster fielen. Es sah aus, als hätte sie sie mit Babyöl eingerieben, oder mit Sonnenmilch oder sonst etwas in der Art. Es war ein wundervoller Anblick und, obwohl ich noch immer mit der Hitze haderte, ertappte ich mich dabei, einen Anflug von Erregung zu verspüren.

Als wir dann miteinander schmusten, entdeckte Marie

meine Erregung sofort. Kichernd schob sie ihre Hand in meine Boxershorts und begann, ein paar Takte von *Too Darn Hot* zu summen, als habe sie meine Gedanken gelesen. Ich lächelte, als sie es tat, so wie ich es immer mache, wenn sie etwas sagt, an das ich gerade gedacht habe. Und das passiert oft, wenn man jemanden aufrichtig liebt. Wahrscheinlich ist es nur Zufall, doch wann immer es passiert, sorgt es dafür, dass man sich füreinander bestimmt fühlt.

»Ich musste gerade an diesen Song denken«, sagte ich zu Marie, während sie noch ein paar Takte pfiff.

»Zwei Seelen, ein Gedanke«, entgegnete sie und drückte meinen Schwanz, um zu sehen, wie hart er war, bevor sie mich mit dem Rücken zur Kühl-Gefrierkombi drängte. Fragend sah ich ihr zu, wie sie erst die Tür zum Kühlschrank und dann die zum Gefrierschrank öffnete, als wäre ihr gerade eine großartige Idee in den Sinn gekommen. Der Gefrierschrank war so gut wie leer, da wir alles, was verderblich war, vor den Ferien weggeworfen hatten. Das Einzige, was sich noch darin befand, waren eine ganze Reihe von Beuteln mit Eiswürfeln und etwas krümeliges, locker gefrorenes Zeug, das wie kleine Schneeflocken aussah.

»Ich nehme an, dass wir das herausholen und in die Badewanne tun können«, sagte Marie und holte tief Luft, als ob sie die Kälte einatmen wollte, um sich damit für diese zu heiße Augustnacht zu wappnen.

»Da würde meine Schwanz zu einem Nichts zusammenschrumpfen«, sagte ich, als ich die eisige Luft aus dem Gefrierschrank spürte.

»Nicht mit mir um ihn herum«, sagte Marie mit heiserer Stimme, um mich vom Gegenteil zu überzeugen.

Marie forderte mich auf, einen Eimer mit so viel Eis wie möglich zu füllen, denn davon schien es bei genauerem Hinsehen eine ganze Menge zu geben. Und so hatte ich bald genug davon zusammen, um ein verdammtes Iglo damit bauen zu können.

»Ich komme!«, rief ich Marie zu, die bereits ins Badezimmer vorausgelaufen war.

So dachte ich zumindest. Doch als ich ihr mit meiner ersten Ladung Eis folgte, war das Badezimmer leer. In diesem Augenblick hörte ich einen Schrei vom Balkon, der mich nach draußen eilen ließ. Dem Schrei folgend fand ich meine Frau, wie sie in dem Plastikpool stand, den wir im Jahr zuvor für unsere Kinder gekauft hatten. Wir waren froh, dass wir die Kinder bei Maries Eltern gelassen hatten. Und noch vergnügter schien Marie darüber zu sein, dass wir nun die Gelegenheit hatten, ihre Abwesenheit auch wirklich zu nutzen, denn sie stand oben ohne auf dem Balkon und war bereit für die Liebe.

Vielleicht ein wenig zu bereit, wenn man mich fragt. Sicher, wir leben im zehnten Stock, doch das hieß nicht, dass nicht irgendein Spanner von der anderen Straßenseite aus hätte sehen können, wie sie ihre Brüste zur Schau stellte. Ich wies sie darauf hin, doch sie lachte nur. Dann sagte sie, dass es keinen Sinn machte, ein nach Westen ausgerichtetes Apartment zu haben, wenn man die untergehende Sonne nicht nutzte.

Es war schwer, ihr zu widersprechen. Sie zog den Pool in einen Flecken Sonnenlicht, der sich gerade über den Balkon ergoss. Und mit Marias Blumen und Pflanzen, die sich um uns herum aus bunten Töpfen in die Höhe reckten, sah das Ganze aus wie eine zauberhafte Oase mitten in der Sahara. Als Nächstes forderte sie mich auf, die frostigen Eiswürfel in den Pool zu schütten (was ich fünf oder sechs Mal wiederholte) und dann hineinzusteigen. Obwohl mir immer noch der Schweiß über den Körper rann, nachdem ich mit all dem

Eis hin- und hergelaufen war, sah es für mich mächtig kalt in dem Pool aus. »Schnell, bevor es schmilzt«, sagte Marie und versuchte, mich in das kalte Bad zu locken. Sie trat hinter mich und zog mir die Boxershorts herunter, sodass ich nackt auf dem Balkon stand.

Ich holte tief Luft und sprang mit einem Brüll hinein, der bestimmt noch vier Blocks weiter zu hören war. Im Pool war es eiskalt, und ich kam mir vor wie ein Polarforscher. Schnell rief ich nach Marie, damit sie mir Gesellschaft leistete und mich ein bisschen wärmte. Sie fragte mich, wie kalt es sei, als sie ihre Jeans und das Höschen auf den Balkonboden fallen ließ. »Halb so schlimm«, sagte ich, dann griff ich nach ihrer Hand und zog sie zu mir.

Sie hatte am ganzen Körper Gänsehaut, als sie in Kontakt mit dem Eis kam. Sie nannte mich einen Lügner, weil ich abgewiegelt hatte, und daraufhin begannen wir spielerisch miteinander zu kämpfen, wodurch uns ein kleines bisschen wärmer wurde. Erst schlug mich Marie auf den Hintern, dann schlug ich sie auf die Schenkel, während ich ihr zärtlich in die Schulter biss. Sie wand sich wie verrückt, da sie an den Schultern sehr kitzelig ist. Schließlich streckte sie sich der Länge nach auf meinem Körper aus, sodass die Sonne auf ihren Rücken schien, während ich mit meinem im Eis lag.

»Das ist nicht fair«, beschwerte ich mich, doch sie besänftigte mich mit einem Kuss. Ihre Zunge spielte mit meinem Mund, und während der Kuss immer leidenschaftlicher wurde, gewöhnte sich mein Körper langsam an das gefrorene Wasser um mich herum. Ich begann den Kontrast zwischen dem Eis und der Sonne über uns zu genießen.

Der anfängliche Schock über den Temperaturwechsel war überwunden, und so konnte ich die Vorzüge eines netten kalten Bades an einem brütend heißen Sommerabend genießen.

Ein nicht zu unterschätzender Vorteil daran war, dass sich Maries Nippel in zwei harte, aufgerichtete Knospen verwandelt hatten. Ich spürte, wie sie sich in meine Brust bohrten, und so ließ ich Marie von meinem Körper rollen und legte meine Lippen auf ihren Nippel. Dann kam mir eine Idee. Ich griff nach einem Eiswürfel und kreiste mit ihm um ihre aufgerichtete Brustwarze. Als der Eiswürfel unter der Wärme ihres Körpers schmolz, floss das kalte Wasser in verschiedenen Richtungen über Maries Brüste. Ich leckte jeden dieser arktischen Ströme auf und sorgte dann mithilfe des Eiswürfels für weitere. Marie schien unter der Art, wie das Eis ihre Haut frieren ließ, wirklich zu leiden, bis ich mit meinem Mund und der Zunge eilig darüberfuhr und ihr so ein wenig Wärme gab.

Tatsächlich hatte der Wechsel von kalt zu warm einen so fantastischen Effekt auf ihre Titten, dass es nicht lange dauerte, bis meine Zunge den Weg hinunter zu ihrer Möse fand. Marie öffnete die Beine, als ich ihr Schamhaar erreichte, dann stöhnte sie auf, als ich einen Eiswürfel gegen ihre Klitoris presste. Doch diese bekam nur den Hauch eines Eiskusses, bevor ich den Würfel durch meinen Mund ersetzte. Ich ließ meine Zunge um ihre Perle kreisen, ehe ich Maries Spalte entlangfuhr.

Marie war so feucht, dass ich laut aufstöhnte vor Lust, als ich ihre Säfte kostete. Ich war schon immer ein Genießer, wenn es um Maries Muschi ging. Ich küsste meine Frau lang und ausdauernd, während ich meine Finger über ihre Klitoris spielen ließ. Immer mehr Feuchtigkeit tropfte aus ihr heraus, bis ich der Meinung war, dass sie reif und es Zeit war zu ficken.

Ich küsste ihre Klitoris ein letztes Mal, dann schob ich mich über Marie. Sie griff nach meinem Ständer und führte ihn an ihre Muschi, während ich auf ihr lag. Sie schlang ihre Arme um mich und bat mich, sie so richtig zu wärmen.

Mit einer kraftvollen Bewegung trieb ich mich tief in sie hinein und begann dann, mich in einem gleichmäßigen Rhythmus zu bewegen. Marie stieß leise Schreie der Ekstase aus, während ich meinen Schwanz immer wieder in ihr Loch stieß. Ich bewegte mich auf ihr vor und zurück und spürte dabei, wie ihre harten Nippel durch mein Brusthaar rieben.

Es dauerte nicht lange, bis uns wieder heiß war. Ich fickte sie mit einem solchen Tempo, dass mir der Schweiß trotz des Eises über Stirn und Rücken lief.

Marie schien die Feuchtigkeit in meiner Braue entdeckt zu haben, denn sie hob die Hand an meine Stirn und fuhr mit den Fingern darüber. »Meine Muschi glüht, aber mein Rücken ist kalt«, sagte sie und wollte, dass wir die Position tauschten. Ich hielt sie ganz fest und rollte mich mit ihr zur Seite, sodass sie schließlich auf mir lag, ihre Schenkel um meine Taille geschlungen.

Ich rammte meinen Schwanz immer wieder in ihre Muschi, während sie ihr Becken vor und zurück schob, was auch sie zum Schwitzen brachte. Kein Wunder, mit der Reibung zwischen uns hätten man ein Feuer entzünden können. »Ist schon seltsam«, stöhnte sie, als mein Schwanz gerade ganz tief in ihrer Möse steckte. »In einer Minute habe ich das Gefühl, dass ich gleich erfrieren werde, und in der nächsten ist mir so heiß, dass ich explodieren könnte.«

So war das mit Marie und mir: Wir schienen immer dasselbe zu denken. Sekunden nachdem sie das Wort »explodieren« gesagt hatte, übernahm mein Schwanz die Regie. Ich bäumte mich auf und trieb mich in meine Frau, und im nächsten Moment kam ich. Mein Sperma schoss in sie, und dann kam auch sie zum Höhepunkt. Es war magisch zu sehen, wie

Marie sich in völliger Ekstase hingab. Und es dauerte Minuten, bevor einer von uns sich danach wieder rühren, geschweige denn reden konnte.

»Ich könnte noch etwas von dem Bier vertragen«, sagte Marie, als sich ihr Herzschlag schließlich wieder normalisiert hatte.

Nachdem ich mich aus der Umarmung unserer verschlungenen Glieder gelöst hatte, taumelte ich ins Apartment und kehrte mit den zwei offenen Flaschen Corona zurück. Marie lächelte mich an, als ich wieder in den Pool stieg, und schmiegte sich dann ganz eng an mich.

Es sollte noch eine Stunde dauern, bis die Sonne vollständig untergegangen war, und so genossen wir die letzten Strahlen, während wir beobachteten, wie sie langsam hinter dem Horizont versank. Und natürlich wärmten wir uns währenddessen immer wieder auf »spezielle« Weise auf, wenn es uns zu kalt wurde. Doch nach einer Weile war nicht einmal mehr das notwendig.

In der Hitze unserer Leidenschaft war der größte Teil des Eises geschmolzen, dazu kam die Sonne, und so hatten wir bald das Gefühl, als würden wir in einem tropischen Wasserloch baden. Ich hatte die Sonne über mir, warmes Wasser zum Baden, eine Flasche Bier und – das Beste von allem – Marie an meiner Seite. Wer braucht schon ein Cabrio, wenn er all das hat? Ich ganz bestimmt nicht, so viel steht fest.

Vom Reiz absoluter Hingabe

Savannah Stephens Smith

Ein Drink nach der Arbeit. So fing es an. Robert, ein zufriedener Kunde mit dunklem Haar und dunkler Aura, lud ein paar aus unserem Büro ein. Er führte uns an einen sehr schicken Ort und spendierte die Drinks. »Um mich bei Ihnen zu bedanken«, sagte er und strahlte selbst dabei noch Autorität aus, »für die harte Arbeit, die Sie geleistet haben.« Er lächelte. »Ich weiß, dass ich ein schwieriger Kunde bin.«

Wir lachten, doch es war die Wahrheit. Aber wenigstens war er sich dessen bewusst – und gab es zu. Dafür mochte ich ihn.

Es war nur Robert und sein Harem, denn er hatte nur Frauen in dieser Nacht um sich versammelt. Kolleginnen, die schnell zu klatschen begannen, was mich und ihn, die wir nebeneinandersaßen, ruhiger als den Rest werden ließen. Als Chefin war ich vorsichtig und warf meiner Assistentin hin und wieder einen kurzen Blick zu, der ebenfalls sagte: *Sei vorsichtig*. Er ist ein Kunde, rief ich mir selbst ins Gedächtnis, schließlich flossen die Getränke – unser Gastgeber war großzügig.

Und wie Frauen es häufig tun, sprachen wir schon bald über unsere Männer. Wer einen hatte und wer nicht. Mädchenkram. Hörte er zu und traf dabei bereits seine Wahl? Wahrscheinlich.

»Und Sie?«, fragte er mich mit einem Lächeln in den Augen, das zu sagen schien: *Ich kenne all deine Geheimnisse.* Auch wenn er das natürlich nicht tat – es kam mir nur so vor. Ich spürte, wie er Einfluss über mich gewann, doch noch immer hütete ich meine Zunge.

»Sie ist Single!«, sagte Sheryl und grinste. »Wie sieht es mit Ihnen aus?«

Freiheraus und frech, während wir die Gläser erhoben. Schließlich war es Freitagabend, endlich, Freitagabend in der City, und da war alles möglich. Meine warnenden Blicke würden ignoriert werden, das wusste ich.

»Ich auch«, antwortete Robert ruhig wie immer und blickte mit einem Lächeln in die Runde. »Vielleicht sollte ich Sie um eine Verabredung bitten.«

»Ja, das sollten Sie!«, rief Julia aus. Julia, die zwei kleine Jungs zu Hause hatte und einen Ehemann, der ... ich wusste nicht mehr, was er war. Dabei war es wichtig, sich an so etwas zu erinnern. Ich war keine gute Chefin, wenn ich nicht mal das Wichtigste über meine Angestellten wusste. Julia hatte das Wort ergriffen. Julia, die bei allem, was mit Romanzen zu tun hatte, immer ganz aufgeregt wurde.

Doch das Gespräch drehte sich nun wieder um bestehende Beziehungen und darum, was die Frauen von ihren Männern erwarteten. Welcher Ehemann oder Freund kochte, putzte. Mit den Kindern half. Ein »Wer ist der beste Kerl?«-Wettbewerb mit dem vorgeblich frustrierten Stöhnen über Ehemänner, die doch eigentlich angebetet wurden.

Und Robert, der über die angebliche Schrulligkeit der Männer grinste und behauptete, dass er ein echter Fußabtreter für seine Frau gewesen war – seine *Exfrau* –, und damit für Gekicher sorgte. Lächelnd nippte er an seinem Drink und sagte, dass ihm das nicht noch einmal passieren würde.

Und so erzählte ich Sheryl, nachdem sich doch noch meine Zunge gelöst hatte, von meinem Schwur in Bezug auf Männer. Dass ich es leid war, mich immer um alles zu kümmern, Entscheidungen zu treffen, mich zu sorgen. Dass es bestimmt nett war, einen Mann zu haben, der verstand, was es hieß, eine berufstätige Frau zu sein, aber ...

Genau das war der Grund, warum ich Single war; ich war es müde, der einzig Erwachsene in einer Beziehung zu sein. Was mir zuerst wie Unbeschwertheit erschienen war, hatte sich schnell als Passivität entpuppt – und als Faulheit. Ich wollte einen Mann. Kein abhängiges Anhängsel.

Ich wusste nicht, dass Robert mir zuhörte.

»Also, ich bin dominant und Sie sind der Typ Untergebene«, sagte er später und beugte sich näher zu mir. Der Lärmpegel an unserem Tisch war mit jeder Runde gestiegen. Er roch gut, wie ich feststellte. Nach etwas Raffiniertem, aber dezent. »Das könnte interessant sein, oder finden Sie nicht?«

»Glauben Sie?«, fragte ich in Flirtlaune.

»Schon möglich ...« Wieder lächelte er. »Es sei denn, Sie haben Angst, es herauszufinden. Oder sich mit mir zu verabreden.«

Ah, dachte ich, er fordert mich heraus.

Ich sah mich in der Lounge um, die nun voller Menschen war. So viele hübsche Frauen; die Lichter, die sich in den Gläsern und Flaschen spiegelten; im Hintergrund die Stadt. Plötzlich erschien mir das Vertraute fremd. Eine Untergebene? Ich? Den Eindruck hatte ich nicht. Ich war der Boss, hatte alles unter Kontrolle, trug die Verantwortung, was Last und Lust zugleich war. »Sind Sie immer so ...«, begann ich und wusste dann nicht mehr, was ich sagen sollte. Er ist ein Kunde, rief ich mir in Erinnerung. Vorsicht.

»Was?« Robert schien eher amüsiert als beleidigt zu sein.

»Offen«, entgegnete ich und griff nach meiner Handtasche. Es war Zeit zu gehen. Ich sollte meine Mädchen zusammenrufen und sicherstellen, dass sie alle sicher nach Hause kamen.

»Ja«, sagte er. »Das bin ich.«

Gott sei Dank verstanden meine Mitarbeiterinnen den Wink, schauten auf ihre Uhren und riefen aus, wie spät es bereits war. Da ich am nüchternsten von uns war, organisierte ich die Heimfahrten. Schon wieder die Macherin, dachte ich, schob die Mädchen in Taxis und kümmerte mich darum, dass Beth, die ebenfalls so gut wie nichts getrunken hatte, zwei Kolleginnen nach Hause brachte. Dann wollte ich mich allein auf den Heimweg machen.

Zuvor bedankte ich mich bei Robert für seine Großzügigkeit und betonte noch einmal, wie gerne wir mit ihm zusammengearbeitet hatten und hofften, dies auch in Zukunft zu tun. Ich beendete meine höflichen Ausführungen, als ich schon neben meinem Wagen stand. Doch Robert schien es nicht eilig zu haben, sich zu verabschieden.

»Ja, das sehe ich genauso«, sagte er ruhig. »Wir stehen am Anfang einer ausgesprochen ... befriedigenden Beziehung.«

»Noch mal danke«, sagte ich. »Gute Nacht.«

Robert nickte, ohne sich von der Stelle zu rühren. »Treffen wir uns irgendwann auf einen Drink wieder? Und zum Dinner. Sie und ich.«

Ich sagte Ja. Und das war der Anfang.

Inzwischen ist es Sommer geworden, und ich habe mein Versprechen gehalten. Wir sind in einem Ferienhaus, einer einfachen Hütte am Strand. Es gehört einem Freund von Robert, und wir können es für ein langes Wochenende nutzen.

Es ist seltsam, mit Robert raus aus der Stadt zu sein und ihn in einer völlig anderen Umgebung zu erleben. Der Ort, an den er mich gebracht hat, ist wunderschön und friedlich. Robert liebt die freie Natur, liebt die Abgeschiedenheit und den Wind. Er erzählt mir, dass die Wellen des Pazifiks im Winter mit gewaltiger Macht gegen die felsige schwarze Küste krachen. Die Fenster sind dann nass von Wasser und Wind. Ich frage mich, mit wem er im Winter hier gewesen ist, was für eine Frau hier mit ihm beim Feuer gelegen hat, während draußen die Naturgewalten tobten. Ich frage nicht. Was die Zukunft bringen wird, ihm und mir, spielt keine Rolle. Nur das Heute zählt.

Und jetzt ist es nicht stürmisch, sondern ein wunderschöner Julinachmittag. Wir haben auf der Terrasse gesessen, gelesen und Gin Tonic getrunken, einfach nur den freien Samstag und die Sonne genossen, geredet. Der Ozean glitzert, friedlich und blau, und außer dem Gesang der Vögel und einem Flugzeug hoch über unseren Köpfen ist nichts zu hören. Von Zeit zu Zeit schwimmt ein Boot vorbei, doch wir befinden uns ein Stück vom Badestrand entfernt, und niemand nähert sich dem kleinen privaten Anleger.

Ich bin leicht benommen von der Hitze und dem Alkohol und einfach nur glücklich. Robert erhebt sich und geht ins Haus, und eine Minute später folge ich ihm, denke dabei an nichts im Besonderen. Dass ich das Bad benutzen will. Dass ich mehr Eis möchte. Dass es drinnen kühl und schattig ist und überraschend dunkel, wenn man aus dem strahlenden Sonnenschein kommt. Mir ist sehr heiß. Ich möchte ans Wasser gehen und schwimmen, doch er sagt Nein. Nicht mit Alkohol im Blut und nicht, wenn auch er getrunken hat. Es ist nicht sicher. Wir schwimmen, wenn wir nüchtern sind. Wenn wir nicht nüchtern sind, liegen wir in der Sonne, und er lässt einen Eiswürfel über meinen Bauch gleiten, sodass ich nach Luft schnappen muss, während ich zusehe, wie dieser schmilzt. Feste Gegenstände lösen sich bei entsprechender Hitze auf. Nach zwei Gin hat er mich überredet, und mein Bikinioberteil fliegt zur Seite. Ich fühle mich himmlisch verdorben, wie ich so in der Sonne sitze, Richtung Meer gewandt und mich jeder an Bord eines Bootes mit einem guten Fernglas sehen kann. Die Sonne streichelt zärtlich meine Brüste. Die Haut dort ist zart, sagt er, und schmiert sie mit Sunblocker ein. Die Lotion ist kühl und geschmeidig.

Dass ich mich doch nicht verbrennen will, zieht er mich auf, während ich mich wie eine Katze unter seiner Berührung rekele und mich frage, wann – und wie – er mich ficken wird. Im Freien? Er mag es draußen, so viel weiß ich. Aber manchmal frage ich mich, ob ich überhaupt irgendetwas über ihn weiß. Er ist mir ein Rätsel und hat eine überraschende Macht über mich. Und ich bin gefesselt von ihm.

Mein Körper ist warm und träge, und ich bin leicht betrunken, als ich ins Haus gehen will. Noch hat er mich nicht gefickt, mich nur aufgezogen. Und so sehne ich mich danach. Ohne groß achtzugeben und ohne dass sich meine Augen an das Dämmerlicht drinnen gewöhnt haben, stoße ich die Tür auf und trete ein. Ich laufe direkt in ihn hinein, unhöflich und tollpatschig wie ein Teenager. Ich stoße ihm das Glas aus der Hand, und es fällt zu Boden, zerbricht.

Abrupt bleibe ich stehen, bin unsicher. Robert steht vor mir, nackt, sein großer Schwanz ist halb aufgerichtet. Offensichtlich habe ich ihn gerade bei etwas unterbrochen. Etwas, was mit mir zu tun hat? Vielleicht hatte er Pläne.

»Tut mir leid«, sage ich sofort und trete zurück auf die Terrasse. Das Holz ist heiß und brennt unter meinen Fußsohlen. »Ich hätte besser aufpassen sollen.«

»Ja, das hättest du«, sagt Robert ruhig.

»Es tut mir leid«, wiederhole ich, ohne ihn anzusehen, wie er so dasteht, nackt, aber nicht verlegen wegen seiner Blöße. Ich weiß, dass ich nun gezüchtigt werde, weil ich jetzt hier bin und unsere Rollen vergessen habe. Die Rollen, auf die ich mich eingelassen habe. Ich fühle einen ersten Anflug von Erregung – wie wird meine Strafe aussehen? Ich beschließe, meine Schuld nicht noch zu vergrößern, indem ich bleibe, wo ich bin. Ich trete weiter zurück in den Sonnenschein. Die Hitze brennt auf meinen bloßen Rücken. Nein. Es ist besser, ich bringe das wieder in Ordnung.

»Bleib, wo du bist«, sagt Robert, und an seinem Tonfall erkenne ich, dass es ein Befehl ist. »Du bist hereingekommen, um …?«

»Mir noch einen Drink zu holen. Das Bad zu benutzen.«

»Gut.« Er tritt einen Schritt zurück und bedeutet mir, zurückzukommen. Ich spüre, wie meine Aufregung in Besorgnis umschlägt, und frage mich, was er im Sinn hat. »Geh«, befiehlt mir Robert. »Damen zuerst«, fügt er mit einem Lächeln hinzu, dem ich nicht traue.

Ich gehorche und schließe sorgfältig die Tür hinter mir. Es ist sehr still. Als ich fertig bin, wasche ich mir die Hände wie ein braves Mädchen und sehe zu der Frau im Spiegel. Kein Make-up, das dunkle Haar klebt mir in der Hitze an der Stirn, ein rosa Hauch von Sonne und Gin liegt auf meinen Wangen. Bin ich das? Wer ist diese Frau, die alles für Robert tun würde?

War ich schon immer so, oder hat er mich erst dazu gemacht?

Ich kehre zu ihm in den Flur zurück. Kehre zurück, ohne eine Antwort auf meine Fragen zu erhalten.

Der verschüttete Drink ist aufgewischt, und Robert hält

lässig ein Glas in der Hand, als wäre es vollkommen normal, dabei nackt zu sein. Vielleicht ist es das auch für Männer. »Nach draußen«, sagt er, und ich kehre in die Sonne zurück, blinzele im hellen, trägen Sommertag.

Robert folgt mir einen Augenblick später und blickt von der Terrasse auf den Pazifik. Das Haus liegt so nah am Wasser, als ob wir gleich davonsegeln könnten. Während eines Sturms muss das wunderbar sein. Wild und aufregend, wenn Wind und Wasser wüten. Doch heute ist der Pazifik friedlich. Im nächsten Moment wandert sein Blick von dem endlosen Blau zu mir. »Zieh dich aus», sagt Robert, als ob ich noch vollständig angezogen wäre, dabei habe ich so gut wie nichts mehr am Leib.

Als ob es nicht zwei Uhr nachmittags wäre und wir uns unter freiem Himmel befinden würden.

Ich kann so etwas nicht. Nun, das stimmt nicht ganz. Es vor ihm zu tun ist ein ganz neues Vergnügen, dem das Risiko innewohnt, sich buchstäblich vor ihm zu entblößen. Normalerweise beruhigt mich seine Wertschätzung und hält meine Finger davor zurück zu zittern, während ich die Knöpfe öffne und mir den Stoff von der Haut streife. Doch jetzt ist es hell. Wir sind draußen. »Nun«, verleiht er seiner Forderung Nachdruck, und ich widersetze mich nicht. Ich bin mir meiner nackten Brüste bewusst, die trotz der Sonnencreme leicht gerötet sind. Es riecht nach Sommer, nach jedem Sommer, den ich jemals erlebt habe. Die leichte Brise auf meinen Brüsten hat etwas Berauschendes, sensibel, wie meine Haut nun ist. Roberts Blick streift meine härter werdenden Nippel.

Beschwipst von Sonne und Alkohol setze ich mich auf das Handtuch und ziehe mir mein Bikinihöschen über die Schenkel und dann über die Knöchel. Züchtig sitze ich da, die Beine geschlossen. Roberts Schaft hat sich aufgerichtet. Er scheint sich überhaupt nicht bewusst zu sein, dass er mit mir draußen ist, ohne seine Hose zu tragen. Sein Schwanz scheint ein Eigenleben zu führen. Aufgerichtet wirkt er ganz anders. Will er mich. Ich bin auserwählt, gesegnet. Gesalbt, wenn er kommt.

Während ich so dasitze, steht er drohend über mir. Ich habe mich noch nie so offen vor jemandem ausgezogen. Im Angesicht des blauen Ozeans. »Spreiz die Beine«, sagt Robert. »Ich will dich sehen.«

»Tut mir leid«, sage ich wieder, ganz automatisch, denn mich zu entschuldigen, ist für mich selbstverständlich geworden. Die Sekunden kriechen zäh dahin. Ich bin eine Schauspielerin, und ich sitze im Publikum. Ich bin weder das eine noch das andere. Als ich mich nicht sofort bewege, beugt er sich zu mir und öffnet meine Beine für mich. Sein Blick auf meiner Haut fühlt sich ebenso unmittelbar an wie seine Berührung. Er hebt mich hoch, um mich ein Stück weiter aufs Handtuch zu setzen, als wäre ich eine Puppe, und er spreizt meine Beine noch weiter, als wäre ich eine Hure.

»Besser so. Lehn dich zurück.«

Ich gehorche, lasse die Sonne und seinen Blick über meinen Körper wandern. Ich spüre ein wachsendes Verlangen, das sanft in mir pulsiert. Für einen Moment sieht er mich nur an, und ich spüre, wie mir heiß wird. »Berühre dich«, sagt er dann, und ich tue es.

Zurückgelehnt, wie er es verlangt hat, bin ich fremden Blicken schamlos ausgeliefert, und ich kann nur hoffen, dass das Terrassengeländer verbirgt, was er mich tun lässt. Er will es so. Sonne, Gin Tonic, seine Autorität – es ist das alles zusammen. Noch nie in meinem Leben habe ich mich so schamlos gefühlt. Robert starrt mich an, starrt auf meinen Körper. Ich berühre meine Brüste, meine Fingerspitzen streichen über meine Nippel. Die Berührung setzt mich endgültig in Flammen. Er sieht mir zu, während sein Schwanz immer härter wird und sich weiter aufrichtet. Und mein Verlangen wird größer, je erregter ich bin: mich zu berühren, mich vor Robert zur Schau zu stellen und zu sehen, wie er steinhart wird. Das Ganze lässt auch ihn nicht kalt. Er ist ein Mensch. Selbstverständlich ist er das. Ich bin betrunken, sage ich mir, benebelt vom Alkohol und von der Sonne. Ich bin betrunken und von der Sonne verbrannt und geil. Und weit weg von zu Hause.

Er bewegt sich ein Stück zur Seite, steht nun vor der Sonne. Als ich vor ihm liege und ihm ausgeliefert bin, fühlt es sich unglaublich gut an, mich selbst zu berühren. Meinen Bauch. Die Innenseiten meiner Oberschenkel. Ein sanftes Streicheln über das Haar in meinem Schoß. Es ist ein intensives Gefühl. Fast kommt es mir vor, als würde ich über den Rand der Welt balancieren. Lust ist alles. Das war es immer schon. Ist es immer noch.

Robert schaut mir zu. Ich berühre mich so, wie ich es mir von ihm wünsche. Es gibt jetzt nichts anderes mehr als die Hitze der Sonne und die Hitze tief in mir, die dadurch angefacht wird, dass er mir bei meinem Tun zusieht. Ich sehne mich nach seinem großen, harten Schwanz, über den er nun langsam streicht.

Ich will diesen Schwanz.

Wir sprechen nicht. Ich berühre mich für ihn, bis ich es nicht länger aushalten kann. Doch ich schließe meine Beine nicht, und ich stehe auch nicht auf. Das ist nicht meine Rolle. Ich lege den Kopf in den Nacken und stöhne, hilflos. Ich will ihn. Ich will so viel, um das ich nicht bitten kann. Ich warte, und dann öffne ich die Augen wieder ungeduldig. Robert ist näher gekommen, sein Schwanz ist nun vollständig aufgerichtet. Er steht zwischen meinen geöffneten Beinen und sieht auf mich herab, hält seinen prallen Schaft in der Hand.

Auch er will es.

Er tritt zurück, und ich erhebe mich. Ohne auf seine Erlaubnis zu warten, gehe ich auf die Knie. Das Blut pocht mir in den Ohren. Mit seiner Eichel berührt Robert meine Lippen. Ich öffne meinen Mund für ihn.

Robert muss mir nicht sagen, was ich zu tun habe. Der harte Schwanz gleitet zwischen meine Lippen. Seine Haut ist heiß. Als ich an seinem Schwanz sauge, fühle ich mich wunderbar. Anzüglich für sein Vergnügen gespreizt, lasse ich mich fallen, sauge langsam und bin überrascht, wie leicht es ist, ihn in dieser Position tief in meinen Mund zu nehmen. Es macht mir nichts aus, dass er mit sanfter Stimme zu mir spricht, mir sagt, wie er es mag. Ich weiß, was ihm gefällt. Wie könnte es auch anders sein, auf diese Weise angeleitet? Ganz ruhig steht er an diesem strahlenden Tag in der Julihitze da. Die Brise ist zurückgekehrt, und ich habe den Geruch von Pinien in der Nase, als ich an seinem Schwanz lutsche. Ich bin ein Mädchen im Sommerlager, das neue Tricks mit dem Seil lernt. Sein Penis liebkost meine dankbare Zunge, während ich mit ihr an seinem Schaft entlanggleite. Berauscht von der Sonne, meinem Wagemut, dem Gin und nun auch dem Fellatio, ist mir bewusst, dass Robert das nasse Verlangen zwischen meinen Beinen unmöglich ignorieren kann. Niemand könnte so grausam sein. Sanft fährt mir Robert mit den Fingern durchs Haar, während ich an seinem harten Penis sauge. Vorsichtig gleitet er in meinen Mund – vor und zurück, als ob er mir ein Geschenk reichen würde. Er tut es. Und er ist gütig. Mein Herr.

Ich sauge fester. Und dann kommt er. Er brüllt auf, denn er weiß, dass ihn niemand sonst hören kann, selbst wenn ein

Boot vorüberfahren würde. »Ja, fester. Ja …« Seine Worte gehen in ein heiseres Stöhnen über. Und ich mache, wozu er mich auffordert, denn ich will jetzt nicht versagen. Sein praller Schwanz zuckt, dann schmecke ich den Samen. Er ist heiß und dickflüssig, wie nichts anderes sonst. Ich schlucke, während sich sein Penis in meinem Mund wie ein lebendiges Ding anfühlt.

Und dann will ich weinen. Weil es vorbei ist. Sein Orgasmus, das Finale, der letzte Akt, der Höhepunkt. Das Pochen zwischen meinen Beinen ist jetzt unerträglich. Ich kann meine Finger nicht dorthin legen, ich wage es nicht, bevor er es nicht erlaubt. Denn schließlich habe ich dem Spiel zugestimmt. Also schlucke ich seine Gabe gehorsam und hoffe, dass es ihm ausreichend gefallen hat, um mir meine Sünde zu vergeben.

Sein Geschmack überdeckt den des Gins.

Robert sagt nichts und steht nur seufzend da. Ich warte einen Moment, dann will ich mich aufrichten. »Nein«, sagt er. Er steht vor mir, hält mich zurück. Ich sinke zurück, schließe die Schenkel. Meine Haut glüht.

Leicht streicht er mit den Handflächen über meine bloßen Brüste. Wieder stöhne ich vor Lust. Er beugt sich tiefer, seine Hände neben meinen Schultern, und berührt mit seiner Schwanzspitze einen meiner harten Nippel. Das Holz muss an seinen Handflächen brennen, doch er lässt es sich nicht anmerken. Sein Schaft ist jetzt vermutlich schlaff und entspannt. Ich bin so heiß. Er ist heiß. »Steh auf«, sagt Robert. Ich tue es, fühle mich schwindelig.

Er und ich sehen uns an, ohne dass er etwas sagt. Der Moment ist so rein und klar, dass mir der Atem stockt. Roberts Augen sind dunkler als sonst und von einem tiefen Grün und Braun, wie Bäume oder ein Wald. Ich spüre, wie seine Fingerspitzen über meine Brüste streichen. Ich schnappe nach Luft.

Er streicht über meinen Bauch, dann lässt er seine Finger über meine Muschi tanzen. »Bitte«, ist alles, was mir über die Lippen kommt. Leicht, ganz leicht nur fährt er mit dem Finger meine Spalte entlang. In meine Feuchte. Ich gebe einen stöhnenden Laut von mir. Ich spüre seinen Schwanz, der immer noch hart ist und sich nun erhebt und gegen meinen Bauch tippt.

Robert öffnet die Beine und berührt mit seinem Schaft meine Muschi. Er bewegt sich dabei wie ein Balletttänzer, obwohl er sich kaum hebt und senkt. Er hat alles unter Kontrolle. Es mag lächerlich aussehen, aber es fühlt sich wundervoll an. Ich kann nicht glauben, wie stark er ist, dass er das tun kann. Seine Muskeln müssen aus Stahl sein. Er kippt seine Hüften vor und zurück und reibt gegen meine Muschi, und ich fühle, wie sein Penis noch härter wird. Er stößt leicht in meine feuchten Locken, und ich frage mich, wann ich spüre, wie er in mich eindringt. Ich will, dass er mich besitzt.

Ich seufze, als ich es mir vorstelle. Es in meiner Fantasie vorwegnehme. Ich habe mich noch nie nach irgendetwas oder irgendwem so sehr gesehnt wie nach ihm. Ich öffne meine Beine weiter für ihn und frage mich, ob wir das in unserer Position hinbekommen werden. Ich glaube nicht. Er stößt mit seinem Schwanz gegen mich, und ich dränge mich ihm lüstern entgegen. Ich berühre wieder meine Brüste, ziehe leicht an meinen Nippeln. Ich will alles tun, um dies hier zu einem Ende zu bringen. Alles.

»Also gut«, sagt er plötzlich, und ich frage mich, ob er meine Gedanken lesen kann. Es würde mich nicht überraschen. Sein Schwanz spielt noch immer mit mir, und ich habe das Gefühl, zwischen meinen Beinen zu glühen.

»Bitte«, sage ich und schließe die Augen. Die Sonne leuchtet durch meine Lider wie durch dünne Gaze und taucht alles in ein tiefes Rot. Meine Haut ist von der Sonne geküsst und reagiert sensibel auf jede noch so zarte Berührung von Robert. Gleich werde ich darum betteln. Ich bestehe nur noch aus Sehnsucht, und doch wird er mir nicht geben, wonach ich mich verzehre. Und ich will es so sehr, selbst hier, an der Wand, brennend und ihm ausgeliefert. Ich will seinen Schwanz, doch er ist gerade erst gekommen. Er wird mich nicht ficken, das weiß ich.

»Bitte«, sage ich, und es ist mir egal, dass ich bettele.

Er zieht sich zurück und grinst, als ich zurücksinke, die Schenkel noch immer weit geöffnet. Seine Fingerspitzen gleiten über meine Vulva, locken mich, finden mich austernfeucht und heiß. »Also gut«, sagt er noch einmal und findet die Perle in der Auster. Er lässt seinen Finger um den Schatz kreisen und drückt ihn.

»Hier draußen?«, frage ich, als wäre ich ihm hier, wo wir stehen, nicht gerade erst zu Diensten gewesen.

Robert zuckt mit den Schultern. »Such es dir aus«, entgegnet er. »Aber nach meinen Regeln, meine Liebe. Wie immer.« Er sieht mich an, während die Sonne auf uns niederbrennt und die Wellen gegen die rauen Felsen unter uns schlagen. Hier? Also hier. Er lässt sich auf das Handtuch zu unseren Füßen nieder, und nun ist es Robert, der kniet und murmelt: »Lass mich dich schmecken ...« Es ist das zweitverlockendste Angebot, das ich mir vorstellen kann.

Er hält Wort. Ich erbebe unter der Berührung seiner Zungenspitze, greife nach seinen Schultern. Ich will seinen Mund an meinen Schoß ziehen, damit er mich zum Orgasmus bringt. Er lacht nur, kniend, und schafft mit seiner Zungenspitze, dass ich mich ihm hingebe. Ich setze mich auf die Terrasse, und dort, wo das Handtuch endet, ist das Holz heiß.

Er hebt meine Beine über seine Schultern, und ich gehöre

ihm. Er küsst meinen Bauch, lässt mich noch länger warten, dann lässt er die Zunge hinunter zu meiner Scham wandern. Wenn nun ein Schiff vorüberkäme – was hätte man von dort eine Aussicht! Doch es wäre mir egal, völlig egal, denn endlich leckt mich Robert. Leckt mich zart, über die geschwollene Haut, sucht sich sanft den Weg zwischen meine Lippen, findet jedes Geheimnis. Ich bin nass. Meine Klitoris ist hart, eine kleine Perle, und er leckt behutsam und zärtlich um sie herum.

Innerhalb von Sekunden stöhne ich auf und winde mich auf der Holzterrasse. Das Wasser schlägt gegen die Steine, wie es Roberts Zunge mit mir macht. Ich flehe ihn an weiterzumachen. Es ist das reine Vergnügen unter blauem Himmel. Ich möchte so dringend kommen – ich habe den ganzen Nachmittag über darauf gewartet –, und schnell bin ich jenseits des Verlangens und kurz davor, mich fallen zu lassen. Seine Zunge ist heiß und kundig, und er leckt meine ganze Muschi. Er dringt sogar furchtlos ein Stück in sie hinein. Er macht das so gut, dass es jedes Opfer wert ist.

Ich drücke meine nasse und offene Muschi gegen seinen Mund und spüre, wie sich der Orgasmus in mir aufbaut. Meine Finger haben sich in Roberts Haar gegraben, als ich schließlich komme. Ich schreie auf und hoffe, dass es sich nur wie eine weitere krächzende Möwe anhört.

Den ganzen Nachmittag über hat er mich zappeln lassen – gemein. All die Freude, die er mir beschert – mein König.

Robert erhebt sich, nimmt meine Hand und macht mich damit einmal mehr zu einer Lady. Er küsst meinen Mund, und ich schmecke den Ozean – mich selbst – auf seinen Lippen. »Sollen wir dieses Spiel irgendwann noch einmal spielen, Schätzchen?«

Ich antworte nicht. Er lächelt nur sein selbstsicheres

Lächeln. Ich werde nicht Ja sagen, denn das ist so besonders daran: Ich treffe nicht die Entscheidung. »Wenn du es willst«, sage ich zu seinem Rücken, als er sich zur Seite dreht, und lege es in seine Hände.

Doch ich sage auch nicht Nein.

Highway 69

Helena Settimana

Die Straße schlängelt sich wie eine schwarz gefleckte Grasschlange durch Hügel und Ahorn- und Eichenfarmen im südlichen Ontario, hoch und runter. Deren Rücken ist mit gelben Linien gezeichnet, die die Seitenbegrenzung markieren. Die ersten Nadelbäume und Birken des Nordens tauchen auf, und rosafarbene Felsnasen aus Granit lugen hervor wie auftauchende Wale. Du kannst wieder atmen. Vor dir sind kilometerweit rote Rücklichter zu sehen und im Rückspiegel weiß und gelblich leuchtende Scheinwerfer. Holztransporter und Baufahrzeuge von der Baustelle südlich von Parry Sound schalten in einen höheren Gang und überholen dich, wenn es der Highway auf längeren geraden Abschnitten zulässt. Die Erschütterung bringt dein Motorrad aus dem Takt, und Steinchen und Sand treffen wie Schüsse auf dein Visier.

Im Dämmerlicht des ausklingenden Freitags siehst du den glühenden Sprühregen der Schweißgeräte aus den Gräben aufsteigen und auf das goldene Licht der untergehenden Sonne treffen. Verkehrsschilder begrüßen dich und später kleine Orte und Weiler, die ihre Existenz dem Holzhandel verdanken, dann folgen Fisch- und Jagdhütten. Hier tragen alte weiße Männer rote Mack-Truck- und International-Harvester-Baseballkappen und sitzen auf den Verandas ihrer Schindelhäuser, die auf hohen Fundamenten gebaut sind. Die

Männer kratzen sich die Bäuche und sehen zu, wie sich die Städter zu ihrer sommerlichen Wallfahrt in den Norden aufmachen.

Die Straßenschilder heißen dich willkommen in den einstmals großen Kriegernationen; Leuchtreklame flackert an dir vorbei, während der Tag in die Nacht übergeht und die Namen wie Blitze vor deinen Augen aufleuchten: Moose Deer Point, Watah – und bald Shawanaga, dann Magnetawan. Es gibt etwas an diesem Ort, der das Herz in deiner Brust schneller schlagen lässt.

Du hältst an einer Raststelle, kaufst Bier und verstaust es hinter deinem Sitz. Ein Indianerjunge fährt für kurze Zeit neben dir – ohne Licht, ohne Reflektoren – die Reifen nicht ausgewuchtet, was angesichts seiner hohen Lenkergriffe erst recht keine gute Idee ist. Kurz blickst du in das Weiß seiner Augen und in sein braunes Gesicht, während du an ihm vorbeischießt. Er steht auf seinen Pedalen, grinst und versucht, sich mit dir zu messen. Schnell kannst du ihn nicht mehr sehen. Du musst nach Rotwild und anderen Tieren Ausschau halten – Elche und Bären und kleinere Wesen, die aus den Schatten der Dämmerung schießen –, die Überbleibsel derer, die es erwischt hat, kleben auf der Straße. Und irgendwann musst du nach der Abzweigung bei dem mit weißer Farbe bemalten Felsblock Ausschau halten, wo es zu Jacks Platz geht.

Doch bis dahin sind es noch weitere dreißig Minuten, und die Straße gehört dir: Kühle Luft fährt dir durchs Haar und zerrt an deiner Jacke und lässt deine Nippel prickeln. Dreißig Minuten könnten genauso gut Stunden oder Tage sein. Jacks Mund und sein Schwanz sind bei dir, wo immer du bist. Du denkst an den Song *Innocent When You Dream* und denkst, dass Tom Waits nicht von Tagträumen singt oder von diesem besonderen Traum, der deinen Körper zum Klingen bringt und deine Möse öffnet, während das Beben des Motors an deiner Spalte dich erregt, bis du fast wahnsinnig wirst. Du fühlst dich nicht unschuldig. Du fährst mit einer Hand unter dein Oberteil, kneifst hart in deinen Nippel und ziehst an dem Stahlring, der durch ihn getrieben ist. Ein Teil von dir hofft, dass dein Puls aufhört zu rasen, der andere Teil wünscht sich hingegen, dass das Vergnügen zunimmt und du schließlich kommst. Hilflos ziehst du das Motorrad zur Seite. Die Städter ziehen wie auf der Flucht an dir vorbei. Inzwischen ist der Wald dünner geworden, und beeindruckende Felsen schneiden durch das flache Land aus narbigem Stein, struppigen Bäumen und morastigen Abschnitten. In der Nachtluft liegen das Summen der Insekten und der Gesang der Nachtvögel, und du sitzt auf deiner Maschine. Deine sandige Schulter zittert, und du versuchst, dich wieder zu fangen – vergeblich. Der Fahrer des entgegenkommenden Wagens sieht dein Gesicht und das Leuchten, das darin aufblitzt wie eine unbewusste Aufforderung. Mit den Zähnen beißt du dir auf die Unterlippe, während du dich in den Sitz drückst und die unangenehmen Insektenbisse ignorierst, als du kommst, wenn auch nur schwach. Das Gefühl verschafft dir kaum Befriedigung, und nur für den Moment fühlst du dich ein wenig erleichtert.

Erschöpft keucht dein Auspuff auf, und du kehrst auf den Rücken der Schlange zurück. Steigst wieder auf sie auf.

Der weiße Fels ragt vor dir in die Höhe, und du biegst ab. Die Straße – oder vielmehr der Pfad – ist holperig und sandig mit polierten Steinstücken an den Stellen, wo Reifen die oberste Schicht abgetragen haben. Rechts und links kommen die Bäume näher und schließen dich ein wie eine Kathedrale. Das Scheinwerferlicht springt zwischen den Zweigen umher und fällt auf weiche Kiefernnadeln, die sich mit ihrem sanften Grün vom dunkelblauen Himmel und dem Unterholz abheben. Tote Insekten kleben am Glas der Scheinwerfer.

Der mühsame Weg über eine unsichere Straße, die jenen zum Verhängnis wird, die zu schnell auf ihr fahren, scheint eine Ewigkeit zu dauern. Wie Pulverschnee rutscht der Sand unter den Reifen weg. Zwei Hirsche stehen mit aufgerichteten Ohren an der Seite. Doch sie bewegen sich erst, als das Motorrad sie fast erreicht hat. Dein Herz rast, atemlos.

Das alte Eisentor ist mit einer Kette an einem verwitterten Zedernholzpfosten befestigt. Es gibt nach, und du rollst die letzten zweihundert Meter durch dichtes Buschwerk, bis du an eine kleine Lichtung kommst und Jacks Hütte und den blassgelben Lichtschein der Propanlampen in den Fenstern sehen kannst. Die Hütte ist alt, sehr alt, und aus groben Steinen, Brettern und Leisten gebaut. Eine Veranda, die mit Fliegengittern gegen Insekten geschützt ist, zieht sich um das Gebäude. Wasser schlägt gegen die Steine, auf denen die Hütte gebaut ist, und ein silberner Mond spiegelt sich in der Bucht.

Da ist auch noch Jack, der wie ein Schatten aus dem Nichts tritt, seine großen Hände auf deine Schultern legt und dich auf den Hals küsst. Du lässt deine Taschen fallen.

»Hallo, Liebling, du bist spät dran«, sagt er und erforscht deinen Mund mit seiner Zunge. Schon schlägt dir das Herz wieder zwischen den Beinen. »Ich dachte schon, du kommt nicht mehr.«

»Hast du wirklich so wenig Vertrauen in mich? Ein paar Stunden mehr nach all der Zeit ... schsch«, flüsterst du. »Ist sonst noch irgendwer hier?«

»Nein. Nur du – und ich. Ich wollte niemand anderen um mich haben.«

Zwischen deinen Brüsten läuft der Schweiß und kitzelt

dich wie eine Fliege. Jack öffnet den Reißverschluss deiner Jacke, schiebt sie dir über die Schultern. Deine Hände wissen nicht, wohin sie zuerst sollen – zu seinem Gesicht, groß und struppig, mit einem Bart wie ein Bison, zu seiner festen Brust oder zu seinem Bauch, der sich gegen dich drückt. Schließlich zeichnen deine Finger die Konturen seines harten Schwanzes nach, der unter verschlissenem Denim steckt. Die Nieten und der Verschluss von Jacks Hose fühlen sich kalt an, doch sein Schwanz ist feucht und heiß und schmiegt sich an seinen Oberschenkel an.

»Wenn du damit weitermachst, spritze ich in meine Hose ab«, sagt er. Seine Zähne und Augen leuchten im blassen Mondlicht. »Und das wäre eine Schande.« Er leckt den Schweiß zwischen deinen Brüsten auf, nimmt einen deiner Nippel in den Mund und sieht überrascht auf, als seine Zähne gegen den Ring stoßen. »Kleine Veränderungen vorgenommen, was?«

Auf dem Boden liegt ein Teppich aus getrockneten Kiefernnadeln. Die Nadeln bedecken den Fels darunter und knistern unter unseren Füßen, während ihr Duft in der Luft liegt. Du hast diesen Geruch von Erde und Harz, Wasser und getrocknetem Holz immer geliebt, und auch das Quietschen des Anlegers wie ein billiges Hotelbett. Seetaucher lachen über das Wasser. Es ist ein seltsames Geräusch und hört sich an, als ob sie sich lustig machen würden. Jacks Hose rutscht zu Boden und wird mit einem Tritt zur Seite geschleudert. Und zum ersten Mal, seit du ihn kennst, blickt er zum Himmel empor, den Kopf im Nacken, und sieht zu den Sternen, die wie Diamanten auf einem blauen Teppich funkeln, während sein Schwanz sanft pocht. Er schaut dich nicht an, doch er legt die Hände um deinen Kopf und fährt dir mit den Fingern durchs Haar, bevor er dich sanft nach unten drückt.

Sein Schwanz füllt deinen Mund, und deine Zähne fahren sanft über die seidige Haut.

»Leg dich hin.«

Es gibt keinen Moment des Zögerns. Deine Hüften heben sich vom staubigen Boden, als er dir die Chaps abstreift und die Jeans auszieht. Du liegst auf den Nadeln wie eine verletzte Libelle mit ausgebreiteten Flügeln, während dein Körper im Licht der Sterne leicht schimmert. Längst ist deine Perle hart, und deine Säfte fließen. Als du deine Hände auf die Spalte zwischen deine Beine legst, sagst du ihm, dass du hören kannst, wie du dich in die Erde ergießt. Seine Zunge findet deinen Brunnen, reibt über deine Klitoris und drängt dann in dich hinein. Du streckst ihm deinen Unterleib entgegen.

»Komm her«, sagst du und bettelst darum, dass er dich wieder mit seinem Schwanz füttert. Er schwingt sein kräftiges Bein über dein Gesicht, sodass du seinen Schaft wieder in den Mund nehmen kannst. Und so kommt ihr beide, während ihr wie wilde Tiere in der Nacht heult. Seine Hüften bewegen sich vor deinem Mund, und seine Zunge taucht in deine gespreizte Spalte. Ein Koffer, ein Zwölferpack Bier und Kleidungsstücke liegen auf dem Boden wie an einer Unfallstelle.

Dann schwimmst du von den Felsen weg, im fahlen Mondlicht, und wäscht dir den Schmutz und die Kiefernnadeln vom Körper und aus dem Haar. Du spülst dir sein Sperma vom Bauch und siehst verwundert zu, wie Sternschnuppen über den dunklen Himmel schießen und Satelliten ihre Bahnen ziehen.

Am Morgen steht Jack in der Küche am Gasofen und macht Frühstück, während du noch verschlafen und knittrig bist. Es gibt Toast mit Eiern und gedämpftem Fisch. Er wünscht dir einen guten Morgen und erzählt dir, dass er einen Platz gefunden hat, den du sehen solltest.

Nach dem Essen drückt ihr eines seiner Boote weg vom knarrenden, verwitterten Anleger, senkt den alten Außenbootmotor ins Wasser und verschwindet in einer Wolke aus blauen Abgasen in Richtung einer Insel, die nicht mehr als ein Fleck am Horizont und noch halb im Morgennebel verborgen ist. Langsam wird sie größer, bis sie wie ein Schädel aus dem schiefergrauen Wasser ragt. Sie ist unbewohnt, sagt Jack, und man hat von ihr eine wundervolle Aussicht. Schwitzend und keuchend kletterst du den gewundenen Pfand hinauf, während dich Zweige streifen und Dornen kratzen, vorbei an Blaubeerbüschen, bis du die Spitze erreicht hast. Von hier aus kannst du weit hinaus aufs offene Wasser blicken. Im Westen stehen dunkle Wolken tief am Himmel, und überrascht siehst du, wie sich drei geisterhafte Wasserspeier nach Norden bewegen und das bleierne Wasser mit dem bedrohlich dunklen Himmel verbinden. Es ist hier, wo du Liebe machen willst – noch scheint die Sonne heiß über euren Köpfen, und doch hält Jack es für unklug zu bleiben. Er hat recht. Denn als du ihm wenig später dabei hilfst, das Boot zu Hause sicher zu vertäuen, fallen die ersten dicken Regentropfen und prasseln auf die Bretter des Anlegers. Es dampft, und du bist bis auf die Haut durchnässt, bevor du die Veranda erreichst.

Jack folgt dir ins Haus, greift von hinten nach dir und drückt sich hart gegen dich. Deine Nippel sind aufgerichtet vom kühlen Regen, und unter seinen warmen und erfahrenen Händen leistest du keinen Widerstand. Ihr liegt zusammen auf seinem Bett, verschlungen, seine groben Hände verwöhnen deinen Schoß, bis deine Stimme durchs Zimmer hallt: »Ohhhh!« – lauter und lauter, ohne dass seine Hand deinen

Mund bedecken würde, denn es ist niemand außer euch da, der dich hören kann. Dann fickt er dich, und kaum dass er gekommen ist, schläft er ein. Sein Schwanz ist noch immer in dir. So verbringt ihr den Tag, fickt und schlaft und hört dem Regen zu, der aufs Dach trommelt. Fickt und fickt, bis du dich ganz roh fühlst. Schließlich ist es Hunger einer anderen, profaneren Art, der euch aus eurem Nest treibt.

Jack setzt Nudelwasser auf. Der Regen lässt nach, und du startest das Motorrad, um in dem kleinen Laden Milch und Zigaretten zu holen. Zwei dickbäuchige Männer sitzen an einem Tisch nahe der Kasse, an der Trockenfleisch und frische Backwaren zum Verkauf stehen.

»Allmächtiger, Lorne, hast du die Rakete gestern Nacht gehört, so um zehn, halb elf? Da hat jemand 'ne richtig gute Zeit gehabt, das sag ich dir! Hab so was nicht mehr gehört, seit ich ein Kind war.« Er lachte. »Manche Leute haben sich einfach nicht unter Kontrolle ...«

»Himmel, du hast das auch gehört, Bob? Ich hab das ganz deutlich übers Wasser gehört. War draußen, um nach Zander zu schauen. Musste den Hund von der Leine lassen, wenn du weißt, was ich meine. Hähähä. Frag mich, wer das gewesen ist. Wär man gerne mal dabei, was?«

Die zwei Männer lachen schallend, und das offensichtlich über dich. Du wirst knallrot. Sie nicken sich gegenseitig zu. »Stimmt.« Du kaufst deine Zigaretten und dazu ein Buttertörtchen, einfach, weil du es jetzt brauchst. Du wackelst mit dem Hintern, als die Fliegengittertür hinter dir ins Schloss fällt. Sie sehen dir auf den lederbedeckten Po und keuchen noch einmal vergnügt auf. »Heiße Braut aus der Stadt«, sagen sie, während du mit röhrendem Motor zu Jack zurückkehrst.

»Ich will nicht nach Hause zurück. Ich will nicht«, sagst du beim Abendessen. »Dort ist es dreckig und laut. Es riecht schlecht, und du bist nicht da. Ich hasse es, wenn wir voneinander getrennt sind. Wann kannst du zu mir herunterkommen?«

Jack zuckt mit den Schultern. »Ich weiß nicht – in ein paar Wochen – früher Herbst, Mitte September wahrscheinlich. Im Moment gibt es hier einfach zu viel Arbeit. Selbst ein freies Wochenende kann ich mir eigentlich nicht leisten. Nicht, dass es mir leid tun würde.«

»Ich liebe dich, das weißt du.«

»Ich liebe dich auch.« Jack schweigt für einen Moment, bevor er weiterspricht: »Wann musst du fahren?«

»Gegen acht.«

»Abends?«

»Nein, tut mir leid, schon morgens ... Ich dachte, ich könnte länger bleiben.«

»Dann sollten wir das Beste aus unserer gemeinsamen Zeit machen, was? Lust auf ein Mitternachtsbad?«

»Aber sicher.«

Es gibt Nächte, die wie Samt und Quecksilber sind, und andere, die wie Diamanten funkeln. Gegen elf leuchtet die Milchstraße an einem ganz klaren Himmel; der Große Wagen steht im Westen. Um Mitternacht legt sich eine dünne Nebeldecke über das Wasser. Du gleitest wie ein Nerz ins tiefe Wasser, ganz ruhig, und schwimmst nackt, wobei du die kühle Strömung unter dir und um dich herum spürst und in gespenstisches Weiß gehüllt bist. Er folgt mit einem lauteren Sprung ins Wasser, steigt dann aus dem Nebel auf, sucht dich, taucht wieder unter und öffnet mit seiner Zunge deine Spalte. Er taucht auf und lässt seinen Finger folgen, bevor er dann hart seinen Schwanz in dich stößt. Du spritzt und lässt dich rückwärts auf das steinige Ufer fallen, wobei du dir die Ellbogen und Knie zerkratzt, als du aus dem Wasser kriechst. Stunden, nachdem die Sonne untergegangen ist, sind die Steine immer noch warm, so als ob die Erde selbst ein Tier mit einem schlagenden Herzen wäre, unter dessen Haut das Blut fließt.

Sein Mund ist auf dir, auf deiner zarten, bloßen Möse. Er küsst dich auch auf den Mund, und du kannst dich selbst schmecken und noch dazu den Geschmack der Bucht. Doch es ist kein Unterschied festzustellen, es ist alles das Gleiche. Deine Muschi pocht vor Verlangen und Hingabe. Aber deine Hand legt sich trotzdem schützend vor deine Öffnung. Jack sieht dich an, wobei er die Augenbrauen fragend in die Höhe gezogen hat. Auf den Steinen ist ein nasser Fleck, der die Umrisse eines menschlichen Körpers hat, und deine Knie sind wund von der harten, rauen Oberfläche.

»Hol die Schwimmwesten«, sagst du.

Jack zieht sie aus dem Boot. Es sind vier – du kniest auf zwei davon und er auf die anderen beiden. Seine Zunge kreist um deinen After, stößt gegen die Falten und spürt, wie sie nachgeben. Er nimmt dein Kinn in die Hand und dreht dein Gesicht zu sich herum. Wieder die stumme Frage. Du holst tief Luft. »Ja-a.« Und schließlich drückt er seinen steifen Schaft in deinen engen Hintern, bis er bis zu den Eiern darin ist. Seine Hoden schlagen gegen deine nackte Klitoris, bis der Schmerz verfliegt und du erst leise zu stöhnen beginnst und dann lauter wirst. Er zieht sich fast ganz aus dir heraus – und taucht wieder in dich hinein. Du fühlst dich wie auseinandergerissen, mutwillig, und er stößt wieder zu, tiefer und härter, bis ihr schließlich gemeinsam kommt.

Jack schweigt. Endlich sagt er: »Bist du mit dem, was gerade passiert ist, einverstanden?«

»Absolut. Ich liebe dich.«

»Ich weiß.«

Als du wieder ruhig atmen kannst, erzählst du ihm von den Männern im Laden und ihrem Gespräch. Du fängst an zu lachen, und Jack lacht, und dann tut ihr so, als hättet ihr einen weiteren lautstarken Orgasmus, den ihr über das Wasser schickt, hin zu den gespitzten Ohren der Nacht.

Am Sonntagmorgen – es ist bereits nach acht – startest du den Motor deiner Harley. Die Straße erscheint dir in der hellen heißen Sonne länger. Sie sieht auch anders aus auf der langen Fahrt zurück in die Stadt. Die Schlange verliert an Wildheit, und ihre Streifen scheinen zu verblassen, als sich die Fahrbahnen von zwei in vier und dann in sechs aufteilen. Die hohen Kiefern weichen Laubbäumen und gelben Feldern, die wiederum von Beton und Überführungen, heulenden Sirenen und Abgasen abgelöst werden. Du hast viel Zeit, um an Jack zu denken, im Wald, beim Wasser; viel Zeit, in der dir das Pochen des Motorrads in die Eingeweide fährt und über deine wunde Spalte reibt. Viel Zeit, um ihn schon jetzt zu vermissen.

Wer ist der Boss?

Lynne Jamneck

Es war Samstag, und es schien, als hätte niemals eine gesündere afrikanische Sonne auf die Strände von Kapstadt geschienen. Es war ein milder Tag, der eine sexy Wirkung hatte und in jeder Minute Vergnügen versprach. Einige Leute sahen zu, wie sich mein persönlicher Assistent Micky über die Bademoden-Models lustig machte. Er hatte es schwer, sie von ihren Zigaretten und Perrier-Flaschen loszueisen. Ich konnte nicht glauben, wie viele Kraftausdrücke er dabei vor sich hin flüsterte. Ich schnappte mir den tragbaren CD-Player und legte die modernen Klassiker von Bruce Springsteen ein, die alle meine Fotoshootings, egal wo, begleiteten. Als *The Boss* begann, *Cover Me* über den Strand von Sandy Bay zu schmettern, spürte ich, wie mir jemand mit dem Finger auf die Schulter tippte. Mit der Kamera in der Hand und dem Songtext auf den Lippen drehte ich mich um, um Micky zu sehen, wie er mit einem gefährlichen Grinsen auf dem Gesicht im heißen Sand herumhopste.

»Was ist denn jetzt schon wieder?«, fragte ich mit hochgezogenen Schultern. »Sag mir nicht, dass eins der Models seine Kotztüte zu Hause gelassen hat.«

Micky warf mir einen verschwörerischen Blick zu. »Nein, ich glaube, du hast ein größeres Problem, Schätzchen. Wirf mal einen Blick da rüber.«

Dort, wohin er meinen Blick lenkte, stand das sexieste Stück Jeans, das ich seit Langem gesehen hatte. Diesel, die sich an ihre Beine schmiegten, als ob sie geradewegs aus einem frechen Wilder-Westen-Shooting käme, mit Metallkappen-Boots. Eine Schande, dass sie kein Holster trug. Ich habe eine Schwäche für Frauen mit Pistolen. Als ich meinen Blick von den Jeans losreißen und weiterwandern lassen konnte, sah ich ein Top mit Spaghettiträgern, das sich eng an ihren Körper schmiegte – und offenbarte, dass sie keinen BH trug.

»Pssst. Du starrst sie an.« Micky grinste mich breit an, während ich versuchte, die Augen diskret abzuwenden. Zu spät, sie hatte meine Blicke bereits bemerkt.

»*Fuck*«, murmelte ich, während ich an meiner Kamera herumfummelte, als wäre irgendetwas fürchterlich falsch mit ihr.

»Schön. Das hast du ja gut hingekriegt. Willst du vielleicht wissen, wer sie ist?«

»Das würde helfen.«

»Sie kümmert sich um die Lichttechnik. Jackie hat sie als Ersatz für Meg geschickt. Die Arme liegt immer noch im Bett und kotzt sich die Eingeweide aus dem Leib nach dem verdorbenen Hühnchen von letzter Nacht.«

»Liegt daran, dass sie das falsche Vögelchen vernascht hat.«

»Es ist ein Wunder, dass du mit diesem Mundwerk überhaupt irgendwen ins Bett bekommst.«

»Falsch, Micky. Es liegt an diesem Mund, dass ich es tue.«

»Alles Lesbe.«

»Immer schön locker bleiben. Verdammt, sie kommt rüber zu uns.«

»Na dann, viel Spaß. Ich werde mal versuchen, die Mädchen auf Trab zu bringen, bevor sie endgültig einschlafen.

Soll schließlich nicht so aussehen wie bei der letzten Aufnahme.«

»Tu das«, entgegnete ich, als er zurück zu den Bikini-Mädchen trippelte, die es sich auf Strandliegen bequem gemacht hatten. Springsteen stimmte *Glory Days* an, als Ms. Jeans mir ihre kräftige Hand Richtung Bauch hielt. Ich schüttelte sie lächelnd, sah in ihre sonnengebräuntes Gesicht und dachte: *Fick mich.*

»Hi, ich bin Dean.«

»Wie in James?«

Sie lachte; ein kehliges Raucherlachen, das meine lesbischen Antennen ausschlagen ließ. Ein leichter Kokosnussduft wehte mir in die Nase, während ich vage das Geschnatter der aufgescheuchten Models im Hintergrund hörte.

»*In the wink of a young girl's eye* – wie das Augenzwinkern eines jungen Mädchens.«

»Wie bitte?«

Sie hob den Kopf. »*The Boss*. Er weiß, wie man darüber singt.«

Verdammt heiß. Wurde ich etwa rot? Zum Glück ließ die Sonne meine Wangen immer wie Rote Bete leuchten, und so nahm ich an, dass ich auf der sicheren Seite war.

»Und dein Name ist ...«

Ich hielt mich gerade noch zurück, um nicht »Was immer dir gefällt« zu antworten, und rettete so meine Ehre. Für den Moment. Die konnte ich immer noch später über Bord werfen, wenn sich die Dinge nach Plan entwickelten. Warum zum Teufel hatte Micky von Dean als *Ärger* gesprochen?

»Kim. Ich bin Kim.«

Hör auf, dich zu wiederholen. Micky gab mir ein Daumenhoch-Zeichen, während die Models sich mit langsamen Bewegungen den letzten Rest Sonnenmilch in die Haut massierten.

»Dann werde ich wohl mal die Ventilatoren zum Laufen bringen.« Dean lächelte. »Was ist ein Strand-Shooting ohne den ›Der Wind weht durch meine Locken‹-Look?«

Ich musste lächeln und betrachtete ihren selbstbewusst durchgestreckten Rücken, als sie zu Micky hinüberging, der versuchte, mir unauffällige Blicke zuzuwerfen. Ärger, hatte er gesagt. Das war doch zum Lachen. Aber was kannst du schon von einem Kerl erwarten, der niemals die Freuden eines weiblichen Körpers genossen hatte ...

Ich sollte nur zu schnell erfahren, was er damit meinte. Verdammt, Micky. Und das Gleiche gilt für mich, und zwar noch viel mehr, weil ich mich von meinen Hormonen leiten lasse. Das ist schon früher vorgekommen, und so wie die Dinge aussehen, wird es zweifellos wieder passieren.

Der Ärger fing an, als das Shooting begann. Als ich Dean anwies, den Ventilator in die eine Richtung zu drehen, drehte sie ihn unbekümmert in die andere. Wenn ich Scheinwerfer Nummer drei forderte, wagte sie es doch tatsächlich, mir zu sagen, dass Nummer vier besser wäre. Ich sah das anders – aber sie bestand auf ihrer Meinung. Wer zum Teufel war hier eigentlich der Fotograf? Ich fragte sie das, und sie antwortete mit der Gegenfrage, wer verdammt noch mal der Techniker war.

Die Models amüsierten sich köstlich über die ganze Sache. Vor allem, wie ich vermutete, weil einige zuvor versucht hatten, mir zu sagen, wo's langgeht, und damit gescheitert waren. Ein toller Körper ist nichts wert, wenn du ihn nicht zu gebrauchen weißt. Sie vergnügten sich prächtig, mir dabei zuzusehen, wie ich mich mit jemandem anlegte, den ich ganz offensichtlich vernaschen wollte. Models sind nur dann hirntot, wenn sie es nicht sein sollten. Ich nahm mir fest vor, Jackie bei der nächsten Gelegenheit den Hals umzudrehen.

Ich setzte dem ganzen Affentheater nur deshalb kein Ende, weil mich der Wunsch, mit dem Kopf zuerst in Deans Körper abzutauchen, immer noch betriebsblind machte. Ja, das war sogar mir selbst bewusst. Sie war gerade im Begriff, den Ventilator einmal mehr in die falsche Richtung zu drehen, als ich meine Kamera einpackte. Einige »Ohs« und »Uhs« waren von der Bikini-Parade zu hören. Mit Bestimmtheit stapfte ich durch den Sand und versuchte dabei, das Ziehen in meinen Schenkeln zu ignorieren. Dean tat, als würde sie meinen Zorn ignorieren, indem sie sich eine Zigarette anzündete, die ich ihr aber sofort von den Lippen riss und im Sand austrat.

»Was zum Teufel ist denn los?«, fragte sie, als ob sie keine Ahnung hätte.

»Wie wär's mit: Steck dir dein technische Know-how an den Hut und mach, was ich dir sage?«

»Kein Problem, wenn du mir endlich was Brauchbares sagen würdest.«

Sie versuchte offensichtlich, mich auf die Palme zu bringen. Die Botschaft war angekommen, laut und unmissverständlich. Wollte sie die Sache noch weiter treiben? Nun, dann hoffte ich für sie, dass sie auch gut einstecken konnte.

Ein paar Strandbesucher sahen erwartungsvoll in unsere Richtung. Ein Kampf am Strand war eine Seltenheit, und ich stellte mir vor, dass sich mehrere Eltern, die nur ihrem Nachwuchs zuliebe hier waren, schon über ein wenig Aufregung freuten, um der schläfrigen Atmosphäre zu entfliehen.

»Das habe ich dir jetzt eine ganze Stunde lang gesagt, Dean. Bist du taub?«

Sie nahm die Hände in die Hüften. »Kimmy, die Leute starren schon.«

Micky war näher gekommen, wahrscheinlich um zu verhindern, dass ich mich auf sie stürzte, blieb dann aber abrupt stehen, den Mund in einem stillen O der Angst geöffnet.

Hätte Wut mein Blut tatsächlich zum Kochen bringen können, wäre ich auf der Stelle wie der Vesuv abgegangen. Auf meiner sehr langen persönlichen Hass-Liste steht auch die Buchstabenkombination »Kimmy«. (So wie in: »Kimmy, wann wirst du dich mit diesem netten Jungen endlich verabreden?«, oder: »Kimmy, du siehst so viel hübscher in einem Kleid aus, mein liebes Mädchen.«)

»Wie hast du mich gerade genannt?« Die Worte wanden sich aus meinem Mund wie glitschige Giftschlangen.

»Kimmy.« Sie besaß die Unverschämtheit, dabei zu lächeln. Verdammt noch mal, warum musste sie auch so gut sein. Weil ich nicht wusste, was ich sonst tun sollte, ballte ich die Hände zu Fäusten und schüttelte sie ärgerlich zu beiden Seiten meines Körpers. Zwei kleine Vulkane, die im Begriff waren zu explodieren.

Dean sah mich neugierig an, als würde sie eine interessante neue Lebensform studieren, dann sagte sie: »Weißt du, diesen Mist muss ich mir nicht gefallen lassen.« Sie war cool, unergründlich. »Du bist viel zu impulsiv, als dass man mit dir arbeiten könnte. Ich werde mit Jackie reden müssen.«

Daraufhin drehte sie sich auf den Absätzen ihrer Boots um und stolzierte in Richtung Dünen davon, wobei sie sich eine Zigarette anzündete und den Rauch in die Luft blies. Meine Augen gruben sich in ihren Rücken. Ich hasse Leute, die unter Druck cool bleiben.

»Reiß dich am Riemen«, flüsterte mir Micky ins Ohr. »Die Models setzen sich schon wieder hin, verdammt noch mal!

Hast du irgendeine Idee, wie schwierig es ist, damit sie sich noch mal von ihren zuckerfreien Ärschen erheben?«

Ich drehte mich zu ihm und drückte die Kamera in die Hände.

»Halt das.«

»Wo gehst du hin?«

»Die Sache zu Ende bringen.«

Ich ignorierte sein Flehen und stakste zu den Dünen hinüber, wo Dean verschwunden war. Ein Jahr zuvor hatte ich mit dem Rauchen aufgehört, doch plötzlich lechzte ich nach Nikotin. Warum machte mich dieses Huhn so fertig? Himmel, ließen mich diese Models mit ihren dürren Hintern nicht genug Dreck fressen, um mit einer Situation wie dieser besser zurechtzukommen? Dabei war dies einer der wenigen Morgen gewesen, an denen ich aufgewacht war, ohne auch nur für eine Sekunde an Sex zu denken.

Ich marschierte in die Dünen hinein, an die sich ein endloser Strand anschloss. Im Meer hier wechselten die Strömungen plötzlich, und so war das Schwimmen nicht sicher. In einiger Entfernung hörte ich Abbas *Dancing Queen*. Damit war es offiziell: Micky hatte den CD-Player übernommen. Die Sonne brannte vom Himmel, und der mitreißende Sound des Sommers lag entspannt über der Stille.

Unsere Blicke begegneten sich, als ich die Richtung an einer Stelle wechselte, wo vier Sandhügel aufeinandertrafen. Dean lag auf dem Rücken gegen eine der größeren Dünen gelehnt.

»Oh, hallo«, sagte sie lächelnd, als ob sie mich zum ersten Mal in ihrem Leben sehen würde.

Ich lächelte überheblich. »Hab verstanden. Du bist eine von diesen Lesben, die ein Problem mit Autorität haben. Ist schon okay. Ich kenne das.«

Dean brach in Gelächter aus. Ein Lachen, tief aus dem

Bauch heraus, bei dem sich die Haare an meinen Armen aufrichteten.

»Du bist echt unmöglich, weißt du das?«, sagte ich wütend.

»Und du bist ein Kontrollfreak«, schoss Dean zurück und schenkte mir ein sexy Grinsen. »Komm her.«

»Warum?«, fragte ich scheinbar gleichgültig.

»Komm her«, befahl sie erneut, und die Autorität in ihrer Stimme machte, dass ich mich wie eine Sechzehnjährige fühlte. Ich kniete mich neben sie in den Sand, und bevor ich irgendetwas sagen oder tun konnte, griff sie nach meinem T-Shirt und zog mich auf sich. Unsere Körper passten zusammen wie Hand und Handschuh. Wir küssten uns, und der würzige Geschmack von Salz und Kokosnuss auf ihrer Zunge ging mir geradewegs in den Unterleib.

»Siehst du«, murmelte ich, zwischen kurzen Momenten des Luftholens, »die Kimmy in mir würde niemals so etwas tun.«

»*Fuck* Kimmy«, entgegnete Dean, während sie meine Hand zu den Knöpfen ihrer Hose dirigierte. Ihre Hüften drückten sich mir entgegen, doch ich hielt sie unten. Ich hatte nicht die Absicht, einfach so nachzugeben und ihr zu geben, was sie wollte. Nicht nach ihrem ungehorsamen Benehmen mir gegenüber in Anwesenheit dieser frechen Models. Nein, meine Dame. Sanft ließ ich die Fingerspitze über den ausgeblichenen Stoff über ihrer Scham kreisen. Die Knöpfe ihrer Jeans nicht auf der Stelle zu öffnen, kostete mich wahrhaftig einige Selbstbeherrschung.

»Was willst du? Was soll ich tun, Dean?«

»*Fuck you*«, antwortete sie, halb lächelnd, halb fluchend.

»Du meinst: Fuck *me*, oder etwa nicht?«

»Verdammt«, stöhnte sie, als ich schließlich mit der ganzen Hand gegen ihre zweifellos geschwollene Klitoris drückte.

Irgendwo kreischten kleine Kinder. Ich sah über meine Schulter, doch die Dünen versperrten mir den Blick auf den Rest von Sandy Bay. Bitte, lieber Gott, lass sie nicht ihre Strandbälle zu uns hinüberschießen, oder ich werde sehr, sehr traurig sein.

Ich senkte den Kopf zwischen ihre Beine und begann, die Knöpfe mit den Zähnen zu öffnen. Dean hatte eine Hand auf meinem Kopf, spielte mit meinem Haar, drängte mich weiterzumachen, während mir der Geruch von Sonne und Sand in die Nase stieg. Mit der anderen Hand zog sie am Saum meines T-Shirts, ließ die Sonne darunter und meine Haut die Wärme ihrer Finger spüren.

Himmel – sie trug ein weißes Baumwollhöschen. Ein unschuldig aussehendes Ding, das die Erinnerung an alle möglichen Highschool-Faxen zurückbrachte.

Die Innenseiten ihrer Schenkel fühlten sich wie Seide an, und als meine Hand in ihrer Hose ihr Bein nach unten entlangwanderte, konnte ich spüren, wie sich ihre Muskeln erwartungsvoll anspannten. Irgendwo in der Ferne war Lenny Kravitz zu hören, und ich war mir sicher, Micky hatte längst dafür gesorgt, dass alles wie bei einer großen Beachparty war, um die temperamentvollen Bikini-Girls glücklich zu machen. Trotzdem würde er mich töten wollen. Doch irgendwie hatte ich das Gefühl, dass es das wert sein würde.

Dean wollte mich hoch zu ihrem Gesicht ziehen, aber ich hielt auf halbem Wege inne, um den Geschmack von Sonnenmilch auf ihren dunklen, schokoladenbraunen Nippeln zu schmecken. Die Zeit stand still, als meine Zunge ihre süße Härte liebkoste. Ich nahm sie abwechselnd zwischen die Lippen, knabberte sanft an ihren geschwollenen Knospen, und mir war vage bewusst, dass Deans Atem flacher und schneller wurde. Dann küssten wir uns wieder, und meine Hand war zurück in ihrer Unterwäsche, wo sie für immer bleiben wollte. Deans Knie drängte ohne Unterlass zwischen meine Beine, und ihre Hände lagen auf meinem Hintern, während sie schlimme Dinge flüsterte, dass mir die Ohren klangen. Mit flinken Fingern richtete ich meine Aufmerksamkeit auf die Stelle zwischen Deans Beinen, und die Tatsache, dass dort kaum genug Platz für meine Hand war, um sich zu bewegen, machte das Ganze nur noch aufregender. Gefangen zwischen der weichen Baumwolle und Deans nasser Möse machte sich meine Hand selbstständig. Es geschah ganz automatisch – der Instinkt siegte.

»Los, Kim, du musst mich ficken«, stieß sie hervor.

»Wie ich es mir gedacht habe«, neckte ich sie weiter. »Du hast einfach keine Geduld.«

»Jetzt«, forderte sie. Sie griff nach meinem Handgelenk und stieß meine Finger tief in sich hinein. Unersättliches Frauenzimmer. Ich drückte sie mit meinem Gewicht nach unten, eine Hand unter ihrem göttlichen festen Hintern, während sie sich unter mir wand. Wir spielten es hart und schnell. Gierig und verstohlen, mit einer Spur von Dominanz – natürlich war es so, wie sie es wollte. Sie hatte mich die ganze Zeit über auf die Probe gestellt, aber ich war bereit für sie.

»Du wirst auf mich hören, wenn wir zu den anderen zurückgehen«, flüsterte ich ihr mit Bestimmtheit ins Ohr, während meine Finger sie zur Ekstase brachten.

»Uh-huh.«

»Du wirst machen, was ich sage, weil ich der Boss bin, und du bist der Techniker.«

»Ja ... o Gott, ja.«

Ich küsste ihren gebräunten Bauch, leckte kleine Schweißperlen von ihrer Hüfte. »Keine Widerrede mehr.«

»Keine Widerre ...«

Ich spürte, wie sich ihre Muskeln anspannten und sich ihre Möse um meine Finger zusammenzog. Wir waren gefangen in unserer Lust, und die heißen Strahlen der Sonne segneten unsere kraftvolle Verbindung.«

»*Glory fuckin' days* – in der Tat«, zitierte ich den Boss, als Dean in meiner Hand kam, während sie sich klugerweise eine Hand über die Lippen legte, um nicht irgendwelchen Spaziergängern zu verraten, was sie verpassten. Für einen Moment blieben wir so und versuchten, unseren Atem zu beruhigen. Erst mussten wir wieder eine normale Gesichtsfarbe bekommen, ehe wir es wagen konnten, an den Strand zurückzukehren.

»Das hier hat natürlich niemals stattgefunden«, entschied Dean, während sie sich Korallenstückchen aus dem Haar schüttelte.

»Natürlich nicht«, entgegnete ich. »Dein Geheimnis ist bei mir sicher.«

»Aber noch eine Sache, bevor wir zurückkehren.«

Sie bot mir ihren Mund mit einem Kuss an, bei dem ich sie am liebsten wieder nach unten in den Sand gedrückt hätte. Ich spürte ihre Hand in meiner Gesäßtasche, dann trennten sich unsere Lippen, und sie ging dorthin zurück, wo sich Micky zweifellos gerade hemmungslos betrank. Ich betrachtete sie für einen Moment, ihren sinnlichen Rücken, ihre Boots, die in den lockeren goldfarbenen Sand sanken. Alles in allem hatte ich mit der Pistole eine übergezogen bekommen. Dann nahm ich die Visitenkarte aus meiner Tasche.

Dean Taylor
Bildtechnik
Ich bin die Beste.
Ruf mich an.

Heiß und schwül

Debra Hyde

Sobald es Sommer wurde, öffnete Kit jeden Morgen die verschiedenen Sonnenschirme rund um den Pool. Doch der Schweiß, der sich auf ihrer Oberlippe bildete, ließ sie daran zweifeln, ob Schatten an diesem Tag irgendeinen Unterschied machen würde. Schon jetzt dreißig Grad, dachte sie. Wie soll man bei diesem Wetter bloß irgendwas machen?

Während sie die Wasseroberfläche des Pools reinigte, wünschte sie sich, dass die Menschen in Neuengland einen farbenfrohen Slang benutzen würden, um eine Hitzewelle zu beschreiben. Ausrufe wie »Es ist so heiß wie ein texanischer Bürgersteig an einem Augustnachmittag« oder »Heiß wie eine Bratpfanne auf einem Herd in der Hölle« würden es irgendwie spielerischer erscheinen lassen, dieses Wetter zu ertragen. Doch Neuengland-Yankees waren ziemlich schweigsame Leute. Sie kümmerten sich um ihre eigenen Angelegenheiten und sagten selten mehr als »Heiß genug für dich?« oder auch ein gewagtes »Heiß draußen, was?«. Und selbst das waren nur Floskeln. Nur weil ein Neuengländer das Wetter erwähnte, hieß das noch lange nicht, dass er auch darüber reden wollte.

Neuengländer lebten zurückgezogen, und obwohl Kits gesprächige Art des Mittleren Westens manchmal mit ihrer Reserviertheit aufeinanderkrachte, boten sie ihr etwas, was sie daheim in Illinois nur selten bekam: die Privatheit, Dinge zu tun, nach denen sie sich sehnte.

Als sie sich das viel zu große Hemd aufknöpfte und zu Boden fallen ließ, war Kit dankbar dafür, dass ihre Nachbarn nicht einfach so auf ihr Grundstück und in ihren Garten kommen würden. Zu Hause in Illinois ist das ganz anders, dachte sie, als sie nackt in den Pool stieg und ins Wasser glitt. Dort weiß jeder, was du machst, noch bevor du es tust.

Kit tauchte unter Wasser und bis auf den Grund. Dann kam sie wieder an die Oberfläche, triefend und glücklich. Das Wasser hatte jeden Tropfen Schweiß von ihrem Körper gewaschen, und was nun aus ihren Haaren troff, würde ihr noch für ein Weilchen Kühle spenden, da war sie sich sicher. Auf dem Rücken schwamm sie quer durch den Pool und genoss es, wie sich das kühle Wasser an ihren Körper schmiegte. Es fühlte sich wunderbar an, als ob eine antike Wassergöttin sich herabgelassen hätte, ihre sterbliche Haut zu berühren. Luxus, es war der pure Luxus.

Und so viel besser als das, was Saul an diesem Morgen tat. Wie, so fragte sie sich, konnte irgendwer bei dieser Hitze Tennis spielen? Dass er das Haus bereits um 7.30 Uhr für ein Spiel um 8.00 Uhr verlassen hatte, machte dabei nicht den geringsten Unterschied für sie: Sobald die Sonne am Himmel stand, war es zu heiß, um herumzurennen.

Besonders bei dieser Schwüle, dachte sie. Himmel, ich schlafe bei eingeschaltetem Ventilator und laufender Klimaanlage in der Nacht.

Die Sonne brannte auf Kit herab, während ihr all das durch den Kopf ging, und so tauchte sie wieder unter Wasser. Als sie nach oben kam, spürte sie überrascht, wie ihr etwas über den Kopf fiel. Sie schnappte nach Luft und versuchte, sich vom Kopf zu ziehen, was immer ihr Gesicht da bedeckte. Sie spuckte Wasser und entdeckte dann, dass es das Hemd war, das sie am Poolrand fallen gelassen hatte.

»Schon wieder mit meinem Hemd?«

Es war Saul, der von seinem Spiel zurückgekehrt war.

»Das hatte ich mir anders gedacht«, schoss Kit zurück und warf das nasse Hemd in Sauls Richtung. »Es überrascht mich, dass du so reagierst, in Anbetracht der Show, die dir hier geboten wird.«

Sie tauchte rückwärts ins Wasser, gerade tief genug, damit ihre Muschi aus dem Wasser lugte. Damit war ihr Sauls Aufmerksamkeit immer sicher, wenn das Wetter zu heiß war, um sich zu bewegen. Das wusste sie.

Als sie wieder hochkam, um zu atmen, stellte sie fest, dass Saul sich keinen Zentimeter von der Stelle bewegt hatte, nur dass er das Hemd aufgehoben hatte, das sie nach ihm geworfen hatte. Er hielt es vor sich und sagte: »Es ist auf den Boden gefallen. Du hast es schmutzig gemacht.«

Kit schwamm zum niedrigen Ende des Beckens und stellte die Füße auf den Grund. Wie Aphrodite aus dem Meeresschaum stieg sie aus dem Pool und stellte ihre nackten Kurven zur Schau. Doch ihr Lächeln war mehr frech als verführerisch. »So?« Sanft forderte sie Saul heraus.

»So«, antwortete er entschieden. Er ließ das Hemd fallen, griff nach Kits Arm und zog ihren nackten Körper grob an sich. Er küsste sie rau und bestimmend. Seine Entschlossenheit ließ Kit dahinschmelzen, und ihre spielerische Aufsässigkeit verpuffte.

Kit spürte, wie seine weißen Tennissachen nass von ihr wurden, aber sie spürte auch seine Erektion, die sich gegen sie drückte. Zweifellos wollte Saul die Oberhand gewinnen. Zweifellos war Kit willens, ihm diesen Wunsch zu erfüllen.

Als er den Kuss beendete und seinen Griff lockerte, fragte Kit, ohne zu zögern: »Was soll ich tun?« Ihre Worte waren kaum mehr als ein heiseres Wispern.

»Wenn mein Hemd schmutzig geworden ist, heißt das, dass Putzarbeit auf dich wartet. Hol den Besen und mach dich ans Werk. Wenn du fertig bist, komm zu mir.« Saul schnappte sich das schmutzige Hemd und ging zum Haus zurück.

Na großartig, dachte Kit, bei dieser Hitze. Doch sie wusste, wie das Ganze ablief. Hausarbeit in Kombination mit ihrer nackten Fügsamkeit führten häufig zu ausgesprochen befriedigendem Sex. *Hoffentlich hat er die Klimaanlage eingeschaltet, wenn ich ins Haus gehe.*

Sie schnappte sich den Besen aus der Abstellkammer und begann zu kehren. Rund um den Pool war es nicht allzu dreckig, und doch kam mit jedem Besenstrich ein wenig Schmutz zusammen. Kit teilte sich die Arbeit in vier Bereiche auf, einen für jede Poolseite. Als sie mit dem ersten Stück fertig war und zur nächsten Seite ging, war das Wasser auf ihrer Haut getrocknet. Nachdem sie die Hälfte der Arbeit erledigt hatte, war ihre Haut heiß von der starken Sonneneinstrahlung. Jetzt ist es jeden Moment so weit, dachte sie.

Der Moment kam, als sie gerade rund um das Sprungbrett fegte. Ihr Haar war warm geworden, und Schweiß bildete sich über ihren Brauen, auf ihrer Oberlippe und auf ihren Schultern. Während sie den Besen bewegte, spürte sie die Feuchtigkeit in ihren Achselhöhlen. *Verdammt, ich hasse Schweiß*. In der Tat war dies der Grund, aus dem sie heißes Wetter hasste und Neuengland dem mittleren Illinois vorzog. Dort waren Hitze und Feuchtigkeit während des Sommers die Regel. Beidem war man jedem Tag ausgesetzt, ohne Unterbrechung. Manchmal konnte nicht einmal ein Gewitter die allgegenwärtige

Feuchtigkeit vertreiben; und sobald die Sonne zurückkehrte und der Dunst vom Asphalt aufstieg, kehrte die Hitze gnadenlos und schwül wie immer zurück.

Neuengland war deshalb gar nicht so schlecht. Sicher, hin und wieder gab es Sommertage, die es mit Illinois in seinen schlimmsten Momenten aufnehmen konnten, doch meistens war das Wetter selbst an heißen Tagen wie diesem erträglich. Vor die Wahl gestellt, hätte Kit lieber eine kurze Hitzewelle in Neuengland ertragen als auch nur einen Tag daheim in Illinois.

Nachdem sie jedes Schmutzhäufchen auf das Kehrblech gefegt und in den Müll gebracht hatte, war Kit völlig verschwitzt, sogar zwischen den Beinen.

Ganz besonders zwischen den Beinen. Bei jedem Schritt schmatzte es leise, dank ihrer nassen Schenkel und, weiter oben, feuchten Lippen. Diese Nässe war diskret im Vergleich zu dem Schweiß, der ihr über den Körper lief, dennoch war es genug, um sie zu erregen.

Ich will doch hoffen, er macht was draus, dachte sie.

Kit fand Saul im Haus, wo er auf dem Futon saß. Lässig lungerte er dort mit einem Eistee in den Händen, ein Bild der Entspannung, abgesehen von einer Sache: die Beule in seiner Hose.

Saul stand auf und befahl Kit, ihm die Shorts auszuziehen. Zu jeder anderen Zeit hätte es geheißen: »Hol meinen Schwanz raus«, aber nicht an diesem Tag. An diesem Tag hieß es: »Zieh mich aus«, eine angenehme Ausnahme von der üblichen Routine.

Als Kit sich hinunterbeugte, um der Aufforderung nachzukommen und ihm die Shorts von den Hüften zu streifen, eröffnete sich ihr ein seltener Anblick: sein Suspensorium. Die weiße Baumwolle schmiegte sich um sein Geschlecht und hielt seinen Schwanz und seine Eier fest zusammen. Es war überraschend, und es lenkte die Aufmerksamkeit ganz auf Sauls unwiderstehlichen Schwanz.

Das ist es, warum schwule Männer so verrückt danach sind.

»Soll ich es ausziehen?«, fragte sie und rief nach dem Taillengummi.

»Unbedingt.«

Kim nestelte an dem ungewohnten Kleidungsstück herum. Strammer als Unterwäsche um die Hüfte herum, war es auf der Rückseite nicht mehr als ein Band und vorne doch ganz anders als der String einer Frau. Es war nicht so leicht abzulegen wie Unterwäsche, doch als sie es endlich von Sauls Geschlecht gezogen hatte, wurde Kit mit dem reichen, köstlichen Geruch seiner Männlichkeit belohnt.

Okay, musste sie sich eingestehen, das ist ein guter Grund für Tennis bei heißem Wetter.

Saul setzte sich, legte die Hand auf ihren Hinterkopf und zog Kit zu seinem Schwanz, der sich immer mehr aufrichtete. Seine Ansage war klar, und so brachte sie ihren Mund vor seine Schwanzspitze. Als sie seinen Schaft in sich aufnahm und mit ihrer Zunge willkommen hieß, holte sie tief Luft, sog diesen kraftvollen, berauschenden Duft auf.

Doch nicht auf Kosten des Schwanzes. Saul duldete keine Trödelei, und so begann sie sofort, an seinem Schaft zu saugen und ihn zu lecken. Fleißig arbeitete sie sich an der prallen Länge hoch und runter und fand erst Befriedigung, als ihre Dienste Saul aufstöhnen ließen.

»Schau, wie tief du ihn aufnehmen kannst, und halt ihn dort.«

Erst nachdem sich Kit bereits ein ganzes Stück vorgearbeitet hatte, fiel ihr auf, dass die Klimaanlage nicht eingeschaltet war. Allein das Wissen darum ließ sie in Schweiß ausbrechen.

Sie drängte weiter und versuchte, ihre widerstrebende Kehle für ihn zu öffnen. Ein plötzliches Würgen ließ sie zurückfahren. Aber dann nahm sie ihren ganzen Mut zusammen und versuchte es noch einmal. Dieses Mal nahm sie ihn noch tiefer in sich auf. Es war nur ein winziges Stückchen, und doch kam es ihr gewaltig vor, und die Sekunden, die sie so verharrte, erschienen ihr wie Minuten.

»Das reicht, braves Mädchen«, lobte Saul. »Jetzt kehr zur Spitze zurück.«

Ohne sich den Schweiß vom Gesicht zu wischen, saugte Kit so fest, wie sie konnte, während sie seinen gesamten Schwanz verwöhnte. Sie legte ihre Zunge auf seine köstliche Eichel, drückte, kreiste und dachte dabei die ganze Zeit über an sein Vergnügen und seine Erregung. Sie legte die Hand fest um seine Hoden und zog an ihnen, wobei sie seine Eier zusammenpresste. Falls sie Zweifel daran hatte, ob sie auf dem richtigen Weg war, sagte ihr das Zucken und Beben seines Schwanzes etwas anderes.

Wieder fuhr ihr Saul mit der Hand ins Haar, doch diesmal zog er sie weg von sich.

»Rutsch ein bisschen zurück, nur ein wenig.«

Auf Knien gab Kit Saul den Platz, den er brauchte, um sein Hemd zu öffnen. Schweiß glänzte auf seiner Brust.

»Auf den Rücken. Spreiz deine Beine für mich.«

Und schon war er über ihr. Sie sah nach unten auf seinen harten Schwanz, der nach ihr suchte. Wie ein auf sein Ziel gerichteter Pfeil brauchte er nur wenige Augenblicke, bis er ihre Öffnung gefunden hatte, und als Saul dann in sie stieß und sie einfach so öffnete, nahm ihr dieser Moment den Atem. Sein Schwanz war feucht von ihrem Mund und ihre Möse nass von Schweiß und ihren Säften.

Sauls Schwanz allein versetzte Kit bereits in Ekstase. Jeder

Stoß, jedes Zurückziehen fühlte sich so köstlich an, dass sie sich nach dem Orgasmus sehnte. Saul griff nach ihrem Handgelenk und hielt es über ihrem Kopf fest. Mit der anderen Hand drückte er ihr Bein auf den Boden und hielt es dort. So fixiert, zitterte Kit angesichts ihrer Machtlosigkeit.

Als sie dann fickten, einer in Bewegung, der andere reglos, aber stöhnend, vermischte sich der Schweiß ihrer Körper. Sie wurden glatt wie Flussotter und waren wild wie brünstige Tiere.

Schweiß tropfte von Sauls Gesicht auf Kit. Das Gefühl war so stark, dass sie erbebte, und als Reaktion darauf ging es Saul nicht anders.

Das ist noch nie an einem heißen Tag daheim in Illinois passiert, schoss es Kit durch den Kopf. Sie wollte etwas zu Saul sagen, irgendetwas, doch sie konnte die Worte nicht formen. Alles, was ihr über die Lippen kam, war ein tiefes Stöhnen.

Kits ganzer Körper spannte sich an, ihr Oberkörper, ihre Hüften. Ihre Höhle zog sich zusammen. Sauls hämmernder Schwanz fühlte sich so gut an, dass sie nicht anders konnte, als sich um ihn herum anzuspannen. Als sie die Spannung wieder lockerte, stöhnte und zitterte er. Ermutigt zog sie sich dann bei jedem Stoß zusammen, klammerte sich um seinen Schwanz, als er sich in sie grub, und brachte Saul immer näher an den Höhepunkt. Sie konnten hören, wie feucht und glitschig ihre Körper inzwischen waren, und ihre Bewegungen wurden planlos. Egal, wie eng Kit sich auch machte, egal, wie fest Saul sein Ziel vor Augen hatte, waren sie gefährlich nahe daran, auseinanderzugleiten.

»Ich bin so nass«, flüsterte sie. »So nass.«

»Zu nass«, entschied Saul.

Er zog sich aus ihr zurück, weil auch er nicht wusste, wie er dem Schweiß Herr werden sollte.

»Roll dich herum und geh auf die Knie.«

Wieder nahm er sie, glitt diesmal von hinten in sie hinein. Ohne Zeit zu verlieren, nahm er seinen gleichmäßigen Rhythmus wieder auf. Einen Rhythmus, der nur ein Ziel kannte. Kit hoffte, dass Saul so zum Höhepunkt kommen würde, denn sie wusste, dass sonst als Nächstes ihr Hintern dran wäre. Und egal, wie gut das auch war, dafür war es ihrer Meinung nach definitiv zu heiß.

Zu ihrer Erleichterung verfolgte Saul eine andere Taktik. Ohne Warnung schlug er ihr auf den Hintern und schickte damit einen stechenden Schmerz in ihr feines Fleisch. Das Brennen des Schlags sagte Kit, dass sich ihr Hintern vermutlich sofort röten würde, doch Saul nahm sich nicht die Zeit, diesen Anblick zu genießen. Er gab ihr noch einen Hieb und dann noch einen. Die Intensität der Schläge ließ Kit zittern, stöhnen, aufschreien, aber Saul ließ nicht von ihr ab. Schläge prasselten auf ihren Hintern, während er sie fickte, und er hörte nicht damit auf, bis sie schrie und schluchzte.

Das war es, was er brauchte. Am Ende ihrer eindrucksvollen Kapitulation kam er und stieß hart in sie hinein, einmal, zweimal, immer wieder, bis er nichts mehr zu geben hatte. Erschöpft hielten sie schließlich inne, er auf ihr, sie mit dem Bauch nach unten.

Für eine Weile regten sie sich nicht, doch irgendwann erhob sich Saul von ihr. Er half ihr auf, hob sie auf seine Arme und trug sie aus dem Haus.

»Drinnen ist es zu heiß«, befand er, als er die gläserne Schiebetür zum Pool hin öffnete.

Die Sonne, strahlend im nachmittäglichen Dunst, brannte auf sie herab, was Kit zu der Bemerkung veranlasste: »Hier draußen ist es auch heiß.«

Saul sagte nichts, als er mit ihr in den Pool stieg. Erst als sie beide ins kühle Wasser glitten, sprach er.

»So wird es kühler.«

Als das Wasser den Schweiß von ihnen wusch und sie umschmeichelte, küsste Saul Kit leidenschaftlich und lang. Bei ihm folgte Liebe immer auf Lust, wie Kit wieder einmal feststellte. Sie saßen am flachen Ende des Pools und kuschelten befriedigt, bis Paul mit seinem Finger zwischen ihre Beine glitt und ihn auf ihre Klitoris legte. Während er den Finger bewegte, murmelte er ihr ins Ohr: »Aber dafür ist es nicht zu heiß, oder?«

Kit wollte antworten: »Das sollte es besser nicht sein«, doch alles, was ihr über die Lippen kam, war ein bestätigendes Stöhnen. Um sie herum schwappte das Wasser im Rhythmus von Sauls geschäftiger Hand, und während Kit auf den Höhepunkt zusteuerte, wurde ihr bewusst, dass heiß und schwül am Ende gar nicht so schlecht war.

Das Wasser von Biscayne Bay

M. Christian

Gäbe es zu dieser Geschichte eine musikalische Untermalung, so wäre es Cool Jazz; tiefe, bedächtige Töne, die aus einem Klavier perlen, und ein langsames, gefühlvolles Saxofon. Gäbe es zu dieser Geschichte einen Stoff, so wäre er weich und rau zugleich, wie ein altes Wollhemd, in dem man Nacht für Nacht geschlafen hat. Und hätte diese Geschichte einen Geruch, dann wäre er weder süß noch blumig. Kein Parfum, kein Duft – nichts in der Art. Toter Fisch und Motoröl. Der Anblick und der Geruch von Biscayne Bay.

Der Ort war nicht das, was ich erwartet hatte. Allerdings hatte ich auch nur eine alte Postkarte gehabt, um mir eine Vorstellung davon zu machen, und das Foto auf der Karte war auch noch bei Nacht aufgenommen worden. Im Vordergrund markierten eine Reihe kleiner blauer Lichter, die sich vage im dunklen Wasser spiegelten, den Strand. Einige rote Lichter und einige gelbe und andersfarbige Punkte kennzeichneten die Masten und Bugs der Fischerboote. Miami war da ganz anders: große Hotels, Neonschilder, Palmen und die grauen Unter- und Überführungen. Hoch oben am Himmel stand leuchtend ein silberner Mond.

Die Wirklichkeit war rau und stinkend. Auf dunklem Wasser schimmerte ein Ölfilm in Regenbogenfarben, darunter blitzten leere dahintreibende Bierdosen auf.

Draht schwirrte laut zwischen Aluminiummasten, und die Wellen schmatzten zwischen alten Fischerbooten. Warum sich irgendjemand die Mühe machte, diesen Ort auf eine Postkarte zu bannen, war mir unbegreiflich, und warum irgendwer hierherkommen sollte, war mir noch viel weniger begreiflich.

Wenigstens hatte ich einen Grund jenseits touristischer Ambitionen. Sie hatte mehrere Male von diesem Ort gesprochen und war fasziniert von ihm gewesen. Es hatte etwas mit dieser Karte zu tun, die sie irgendwo gefunden hatte, und dem Klang des Namens: Biscayne Bay. Ich vermutete, sie hatte zu viel Hemingway in der Highschool gelesen. Doch Gail hatte sich schon immer gewünscht, hierherzukommen.

Es war heiß in der Sonne, also wendete ich den Blick von der Bucht und stieg zurück in meinen Leihwagen. Es war viel weniger kühl darin als noch beim Aussteigen. Also startete ich den Motor, um der Klimaanlage arktische Temperaturen abzuringen.

»Was hast du erwartet?«, sagte ich zu der Pappschachtel auf dem Beifahrersitz.

Was hätte sie gesagt? Auf dem Weg hierher hatte sie auf den Beinen des Collegeschülers gelegen, der neben mir saß, Kopfhörer trug, zu einem kratzigen Rap wippte und sich dabei in meine alte Liebe verwandelte. Sie auf diese Weise zurückzuholen, wenigstens in meiner Fantasie, war einfacher, als während der Fahrt allein zu sein.

»Nicht gerade der Ort für einen unvergesslichen Moment, was?«, hätte sie gesagt und gelacht.

Nicht mal für einen vergesslichen, dachte ich. »Das ist mein Schatz, immer so zynisch. Dein Glas ist noch nicht einmal halb leer, sondern zerbrochen. Überall Scherben, die nur auf nackte Füße warten.«

»Es scheint einfach kein Ort zu sein, der es wert ist, dass man ihn im Gedächtnis behält. Zum Wegwerfen, ja, aber nicht, um ihn zu bewahren, nicht mal auf einer Postkarte.«

»Ein Spleen, mein lieber Mr. Russell, ist manchmal um seiner selbst willen wertvoll.«

Ich weinte, ohne dass ich wusste, wann mir die Tränen gekommen waren, doch da waren sie. Ich wischte sie mir mit dem Jackenärmel ab und blinzelte Gails Bild vor meinem inneren Auge fort.

»Lass uns was trinken«, waren ihre letzten Worte, an die ich mich erinnerte.

»Melancholie schmeckt so viel besser mit einem guten Scotch.«

Gail trug Kleider. Meistens einfache Baumwollkleider. Ich erinnere mich an eins, das ich besonders mochte: kurze Ärmel und ein japanisches Muster, auf dem kleine blaue Vögel einander in diagonaler Linie jagten. Durch einen raffinierten Schnitt schien sich das Kleid auf eine spezielle, mysteriöse Weise zu bewegen; die Knöpfe auf der Vorderseite öffneten sich hier und da und ließen dabei ein Stück weißen Baumwollslip aufblitzen oder gaben an anderen Stellen einen kurzen Blick auf ihren weichen Bauch, die glatte Haut unterhalb ihrer Kehle oder ihre kräftigen Schenkel frei. Gail trug Kleider, wobei sie immer – und für immer – nackt unter ihnen war. Sie und ich, wir tragen gewöhnlich Unterwäsche – wir ziehen uns an, weil wir uns »mit« wohler als »ohne« fühlen. Doch Gail trug Kleider, ohne dass diese ein Teil von ihr wurden. Sie hingen, an manchen Stellen enger, an anderen lockerer, an ihrer eleganten kleinen Gestalt. Wenn man die Kleider ansah, hatte man das Gefühl, dass sie jeden Augenblick herabfallen könnten und nichts weiter als Zwirn und Scham waren.

Sobald Gail einmal im Haus war, ließ sie sie fallen, warf sie irgendwohin oder ließ sie langsam von ihrem Körper gleiten. Sie ging, vom Schlafzimmer ins Bad, vom Bad ins Schlafzimmer oder selbst hinaus in den Garten, und ihre einfachen Baumwollslips rutschten erst bis zu ihren Knien und dann weiter bis zu den Knöcheln. Mit einem Tritt kickte sie sie davon, oder sie wurden einfach zur Seite geschoben. Gail ging durch das kleine Haus, das ihr ihre Mutter hinterlassen hatte, wobei ihre schweren Brüste bei jedem Schritt und jeder Bewegung hin- und herschwangen. Während sie zu einem Album griff (in den 80ern) oder einer CD (später), lugte erst ein Nippel hervor und zeigte sich dann ganz. Sobald sich Gail der Einschränkung bewusst wurde, hatte sie irgendetwas Dummes über eine »Möpse-Falle« gesagt und sich dann die Träger abgestreift. Oder sie zielte mit dem BH, konzentriert und die Zungenspitze zwischen den Lippen, auf einen Türknopf oder etwas in der Art, als wäre das Ding ein Doppel-D-Gummiband oder Ähnliches.

Gail war ein richtiges Weib: frech, schnell, quirlig, unstet in ihren Interessen, nicht zu fassen. Andere Frauen mochten sie nicht, und sie mochte sie nicht. »Wenn du jemandem an die Eier willst«, sagte sie einmal, »dann tu nicht so, als würdest du sie vorher küssen.«

Ich traf sie auf der Mottoparty eines Freundes, anlässlich einer Spätausstrahlung von *Die Spur des Falken* (in den frühen 80ern, kein Video). Ich kam als (schlechter) Humphrey Bogart, sie als (wundervolle) Mary Astor. Ich kannte meinen Text und sie ihren, und während die anderen um einen kleinen Fernseher versammelt waren, saßen wir auf der hinteren Terrasse und spielten unsere Rollen. Nun, das ist nicht ganz korrekt: Spade und Miss O'Shaughnessy haben sich nie geküsst. Wir taten es. Stundenlang.

Wir sind niemals zusammengezogen. Wir haben niemals über »uns« gesprochen, doch wir wussten beide, dass das mit uns etwas ganz Besonderes war, etwas Magisches.

Ihr Tod kam schnell: ein Schatten auf dem Röntgenbild, vier Monate im Krankenhaus, eine kleine Trauerfeier und die Einäscherung. Von überbordender Lebendigkeit zu einer kleinen Pappschachtel auf meinem Autositz – alles innerhalb eines halben Jahres. Sie hinterließ mir ihr Haus. Ich wollte es nicht betreten, um das Chaos, das sie veranstaltet hatte, zu beseitigen. Ich vermied es monatelang, bis ich meiner Angst die Stirn bieten konnte. Am Tag darauf mietete ich einen kleinen Van und kümmerte mich um die Sachen in ihrem Leben. Es war einfacher, als ich gedacht hatte. Die CDs waren nur Plastik und Papier. Die Kleider waren nicht mehr als – tja – Zwirn und Scham. Dann fand ich den Umschlag, den Umschlag mit der Postkarte und dem Brief.

Ich hatte sie davon reden hören, Biscayne Bay, doch ich hatte mich nicht weiter darum gekümmert. *Bring mich dorthin*, sagte die Notiz. Das war alles. Nur *Bring mich dorthin* und dazu der billige Touristenschnappschuss dieser verseuchten Brühe.

Und das war es, was ich nun tun würde, nach einem ordentlichen Drink.

Gail liebte das Wasser. Immer in Bewegung, nicht zu fassen – es war definitiv ihr Element. Eine Erinnerung sticht aus den anderen hervor, ein kostbarer Moment, an den ich mich nun mehr denn je erinnere. Es war ein heißer, stickiger Nachmittag, vielleicht Ende Juli oder Anfang August des vergangenen Jahres. Mein eigenes kleines Haus war wie immer ein Backofen, und so ging ich zu ihr hinüber, da ich wusste, dass es dort kühler sein würde. Ich fand die Eingangstür weit offen und das Haus leer. In ihrem kleinen, sorgfältig gepflegten Garten befand sich einer dieser Sprinkler, die das Wasser wie ein Fächer verteilen und sich vor und zurück bewegen, vor und zurück. Auf dem kurzgeschnittenen Gras lag Gail, nackt bis auf eine billige Sonnenbrille.

»Ich versichere Ihnen, Sir, dass dies der heißeste Tag überhaupt ist«, sagte sie, lächelnd, die Hand an der Stirn, als würde sie gleich ohnmächtig. Gail trug Kleider, doch wenn sie sich von ihnen befreit hatte, war sie lebendiger als jeder andere Mensch, den ich jemals gekannt habe. Es war zu heiß für alles: zum Essen, Schlafen, Gehen, Arbeiten – einfach für alles. Auf allem lag eine Schweißschicht; selbst auf Dingen, die gar nicht schwitzen, lag eine salzige Patina der Solidarität.

Gail leuchtete. Ihr nasser Körper reflektierte die strahlende Sonne, kleine Funken tanzten über ihren Körper. Sie war eine üppige Frau mit starken Schenkeln, großen Brüsten, einem kleinen Bauch und einem Hintern wie zwei Samtkissen; und ihr ganzer Körper schimmerte vom Sprinklerwasser und glänzte vor Schweiß.

Sie sah mich an, wie ich sie ansah, lächelte – sodass die Grübchen auf ihren Wangen tanzten – und klopfte neben sich auf das Gras.

Es war zu heiß für alles, dennoch zog ich mich aus und legte mich neben sie. Es war sogar zu heiß, um zu reden, jeder Atemzug verbrannte uns die Kehle, und so schwiegen wir. Ich sah sie nur an, und sie sah mich an, ohne Sonnenbrille, die sie hinter sich auf die Veranda warf. Es war, als hätte ich sie niemals zuvor richtig gesehen. Das leichte Heben und Senken ihres Bauches, die Art, wie sich ihre Brüste bewegten, wenn sie atmete, die Farbe und Beschaffenheit ihrer Nippel, das braune Haar zwischen ihren Schenkeln, die Art, wie sie sich über die Lippen leckte, ihre fedrigen Augenbrauen, die perfekte Pfirsichform ihres Hinterns. Ich war aufgeregt, doch es war zu heiß, um hart zu werden; wir schwebten, wie angehoben von der viel zu heißen Luft, oberhalb der Erregung.

Auch wenn mein Körper nicht antworten konnte, tat es mein Geist. Meine Augen berührten sie, genossen jedes Detail von hier und das Gesamtkunstwerk, das sich daraus ergab. Wir konnten uns nicht anfassen, nicht miteinander sprechen, und doch machten wir Liebe. In den heißen Pausen zwischen dem warmen Regen des Sprinklers sah ich die Sonne in ihrem Schweiß glänzen. Funken glitzerten auf ihren vollen Brüsten, ihre kräftigen Schenkel leuchteten ebenso wie ihre Halsbeuge. Wenn dann das Wasser auf uns niederrieselte, war ich hypnotisiert von der Art, wie die Tropfen ihre Kurven betonten, über ihre Brüste liefen und an deren Unterseite hängen blieben. Edelsteine aus Wasser glitzerten in ihrem lockigen Schoß und sammelten sich dort, bis es so viele waren, dass sie weiterflossen.

Wir sahen einander für Stunden an, bis die unbarmherzige Sonne schließlich hinter dem Dach versank. Es wurde immer noch nicht kühl, aber kühl genug, um sich wieder zu bewegen. Meine Hand auf ihrem heißen Schenkel. Durch das Wasser des Sprinklers und ihren Schweiß entstand fast keine Reibung, als ich über ihre Haut fuhr. Ihre Hand auf meinem Gesicht. Ihre Finger waren so heiß, als würden sie brennen, doch sie taten es nicht. Langsam bewegten wir uns mehr, während sich die Luft etwas abkühlte. Sie rollte sich auf den Rücken, spreizte die Beine, und ich legte meine Hand auf ihre nassen Locken. Vorsichtig, als wäre es das erste Mal, erforschte ich sie. Unser Schweiß trocknete nicht, und der Sprinkler benetzte uns – wie ein feuchtes Metronom. Sie war feuchter als jemals zuvor, nass und heiß unter dem Dreieck ihrer braunen Haare. Ihre Klitoris war hart, eine Perle, die leicht zu finden war.

In der einbrechenden Nacht blieben wir so liegen: Die Feuchtigkeit des Sprinklers, die Glätte unserer verschwitzten Körper, die Nässe ihrer Möse nahmen mich gefangen, hypnotisierten mich. Ich fand niemals heraus, ob sie damals gekommen ist oder nicht – der Tag war viel zu heiß dafür –, doch ich glaube, das spielte für keinen von uns eine Rolle. Es war mehr als nur Sex, es war wertvoll und wahrhaftig. Eine Erinnerung an Gail, wie sie wirklich war, ihre Seele, ihr Geist: ursprünglich, im Fluss, heiß und rein.

So an sie zu denken und an damals machte es einfach, sich vorzustellen, sie würde neben mir sitzen, als ich von der Bay davonfuhr, um nach einem Drink Ausschau zu halten.

»Wenn dich das nicht anschreit, musst du taub sein«, hörte ich sie sagen, während sie in Richtung der ersten Neonschrift nickte, an der ich vorüberkam: *The Watering Hole* – das Wasserloch. Ich lachte und parkte zwischen zwei mickrigen Palmen. Es war ein Ort nach ihrem Geschmack, gemütlich in seiner Gewöhnlichkeit, ein Platz, an dem man vielleicht nicht deinen Namen kannte, dich aber trotzdem wie einen Freund behandelte, der einen Drink brauchte. Ein Gebäude ohne Fenster und mit schweren Schwingtüren, die mit beschlagenem Stahl verstärkt waren, ein grell leuchtendes *Bud*-Zeichen blinkte zornig in einem dreckigen Kasten aus Plexiglas. Im Inneren empfing mich eine unangenehme Feuchte, während ich mich blinzelnd an das Dämmerlicht gewöhnte: eine lange Bar, fast blinde Spiegel, mächtige Ventilatoren und eine Jukebox, die blinkte und leuchtete wie der Schatz von Ali

Baba, dazu ein chaotisches Sonnensystem aus kleinen runden Tischen mit angeschlagenen Stühlen als Monde.

Hinter dem Tresen stand ein großer lächelnder Rotschopf. Er richtete sein Lächeln auf mich, als ich mich auf einen Barhocker setzte.

»Was darf's sein?«, fragte er, während er den Tresen abwischte.

Gail hatte sich zu mir gesellt und hopste auf komische Art auf ihren eigenen Barhocker, wo sie sich sogleich in einen echten Vamp verwandelte: »Was immer du zu bieten hast, großer Junge«, hätte sie in ihrer ohnehin kehligen Stimme mit einem Mae-West-Tonfall gesagt. Hätte sie ... wenn sie nicht in einer Schachtel in meinem Auto gewesen wäre.

»JB und Coke«, sagte ich und lächelte leise.

»Bekommst du. Gold und braun, wie es sich gehört.«

Ich hörte ihm an, dass er reden wollte, dass er seine Rolle als Barkeeper spielen wollte, doch ich hatte keine Lust, ihm meine Geschichte zu erzählen. Sie war zu gewaltig; zu heftig, um sie über die Lippen zu bringen – zumindest an diesem Ort –, und so hielt ich sie in meiner Kehle verschlossen, wo sie wie eine Mischung aus einem Schluchzer und einem Schrei blieb.

Statt den Mann anzusehen, blickte ich fasziniert auf die dunkle Holzmaserung des Tresens. Er begriff und schob mir schweigend ein Glas mit Eis und das Getränk hin, stellte keine Fragen, begann kein Gespräch.

Während ich einen Schluck trank, blickte ich auf. Wieder ließ ich Gail vor meinem inneren Auge auferstehen. In meiner Fantasie trug sie dieses besondere einfache Baumwollkleid. Sie prostete mir zu, zwinkerte, und der Schmerz stieg in mir hoch und zerquetschte beinahe mein Herz. Während ich mir die Tränen mit dem Handrücken fortwischte, sah ich zur

Kasse hin. Langsam und tief holte ich Luft und versuchte, mich auf irgendetwas anderes zu konzentrieren als auf meine Erinnerungen und das große Loch, das Gail in mir zurückgelassen hatte. Visitenkarten und Streichholzheftchen, Souvenirs von Reisenden und Stammgästen, ein *Man muss nicht verrückt sein, um hier zu arbeiten, aber es hilft*-Schild, das bereits vergilbt war und sich an den Ecken rollte, ein paar Polaroids: der Rotschopf mit jemandem, der aussah wie Jack Nicholson, und mit einem, der Mickey Rourke hätte sein können. Der Rotschopf neben einer Frau in einem schlichten blauen Baumwollkleid mit strahlendem Lächeln – jemand, den ich sofort wiedererkannte: Gail.

Ein Foto von Gail und dem Rotschopf, lächelnd, Seite an Seite, an ebendiesem Platz aufgenommen – in einer Bar in der Nähe von Biscayne Bay.

Während ich im Dämmerlicht der Bar saß, schüttelten mich Schmerz und Zorn. Gegen meinen Willen ging meine Fantasie mit mir durch und ließ Bilder vor meinem inneren Auge aufsteigen: wie der Rotschopf sie küsste und seine schmalen Lippen auf ihre üppigen drückte. Seine Hand, wie sie von ihrer kräftigen Schulter fiel und über ihren Arm strich, dann hinüber zu ihrem unteren Rücken. Als der Kuss leidenschaftlicher wurde und sie in seinen Mund stöhnte, legte er ihr die Hand auf den Hintern und zog sie näher an sich heran, ganz eng. Als Antwort darauf rieb sie sich an ihm und versuchte, seinen Schwanz durch die Kleidung hindurch zu spüren.

Dann waren sie beide nackt, und sie nahm ihn in den Mund, immer tiefer, während er in sie stieß. Keuchend feuerten sie sich gegenseitig an.

In der Bar war es stickig und heiß. Ich kochte, brannte

innerlich. Ich konnte nur dasitzen und ihn anstarren, das Bild anstarren und mir die beiden – in meiner Fantasie – an einem zu heißen Tag vorstellen, wie sie zusammen auf dem Gras lagen und Schweiß und Sprinklerwasser an ihnen entlangperlten. Ich sah förmlich, wie das Wasser Reflektionen auf ihre Haut malte, ihnen an den Seiten herablief, sich in ihren Bauchnabeln sammelte, über ihre Gesichter spritzte, alles davonwusch.

Wir hatten nie darüber gesprochen, nicht richtig, aber … Ich hatte gedacht, dass das, was Gail und mich verband, etwas Besonderes war, magisch und kostbar: nicht etwas Gewöhnliches, was man leichtfertig wieder aufgab. Mehr als Sex, sogar mehr als träge Sommernachmittage voller Schweiß und Wasser.

In mir kämpfte Wut mit Trauer. Mein Drink war längst geleert, nur eine dünne Mischung aus Wasser, Sirup und Alkohol befand sich noch auf dem Boden des Glases, doch ich brachte es nicht über mich, ausgerechnet *ihn* nach einem weiteren zu fragen. Und so hielt ich das Glas nur, bereit, es mit meinem festen Griff zersplittern zu lassen, sodass die Scherben überall hinflogen, auch in meine Hand. Vielleicht würde mich der Schmerz zur Besinnung bringen, würde den Schmerz in meinem Kopf mit zerschnittener Haut und Blut vertreiben.

Aber das Glas hielt. Weiße Fingerknöchel und dickes Glas, ich stellte mir vor, wie sie auf einem Barhocker saß, seine Hand hielt, lachte und etwas viel Intimeres mit ihm teilte, als wir jemals gehabt hatten. Biscayne Bay. Ich war Hunderte Kilometer gereist, hatte so viel Zeit dafür geopfert, nur um herauszufinden, dass ich sie nie wirklich gekannt hatte. Es war nicht allein der Sex. Hunderte Kilometer und dazu die verstrichenen Tage, nur um herauszufinden, dass ich es nicht wert gewesen war, die Wahrheit zu erfahren: Sie war schon einmal hier gewesen, und das mit ihm.

Ich trank die kläglichen Reste meines Drinks und stand auf, um zu gehen. Als ich einige Schritte machte, unsicher wegen des Drinks und meiner Wut, hoffte ich, dass er etwas sagen würde, irgendetwas, nur um mir eine Entschuldigung zu geben. Doch um was genau zu tun, wusste ich selbst nicht. Vielleicht um ihm eine zu verpassen, um die Bar zusammenzuschlagen, um zu heulen oder zu schreien – es geschah allerdings nichts, er sagte kein Wort. Sein Schweigen folgte mir bis zur Tür. Ich würde hinaustreten, zur Bay fahren, ihre Asche dort verbuddeln und davonfahren, nachdem ich sie irgendwo zurückgelassen hatte, wo sie mich nicht mehr verfolgen könnte.

Aber dann tat sie es.

Ich drehte mich um, die Hand auf dem kühlen Metallgriff der Tür, und sah zurück. Der Rotschopf war hinter der Bar beschäftigt, und das scharfe Klirren halb leerer Flaschen war zu hören. Es war nicht richtig – ich wusste nicht, warum, doch es fühlte sich nicht richtig an. Da war noch mehr, etwas Verborgenes, das mit Gail, dem Rotschopf und der Bay zu tun hatte.

Ich konnte sie nicht einfach so begraben. Gail hatte so viel mehr verdient, als sie einfach in den dunklen Gewässern Miamis zu versenken. Ich konnte morgen nicht einfach mit einem Gail-förmigen Loch in meiner Mitte in den Flieger steigen.

So ging ich zurück zur Bar, bestellte einen weiteren Drink und zeigte dann auf das Foto über der Kasse. »Erzähl mir von ihr«, sagte ich.

Tiefe Nacht. Die Wirklichkeit ein Abbild der Postkarte: das entfernte Geräusch der Halteseile und Aluminiummasten, Ansammlungen von Warnlichtern, blubbernde Wogen, die gegen Bootsrümpfe schlagen. Gail war eine Frau des Wassers, und dass sie dorthin zurückkehrte, war nur natürlich. Asche zu Asche, Wasser zu Wasser.

Das Meer war dunkel und beängstigend. Eher wie Öl als wie Wasser, das mit jeder Welle tiefer und schwerer schien. Ich parkte neben einer Ablaufrinne, die sich direkt in einem See aus Rohöl zu ergießen schien. Ich ließ meine Schuhe und Socken im Wagen und rollte mir die Hosenbeine hoch. Als ich hinunter zum Ufer ging, jagten mir kleine Betonsplitter Schmerzensblitze durch die Fußsohlen. Ich war dankbar, als ich die Stelle erreicht hatte, wo das Meer über sie hinwegspülte.

Das Wasser war überraschend kalt für Miami. Ein dumpfer Schauer fuhr mir durch den Körper, von meinen tauben Zehen und Füßen die Beine hinauf, doch ich ging weiter. Sich zu bewegen half, und mein Kreislauf pumpte entschlossen träges Blut durch mich hindurch, bis es mir langsam wärmer wurde. Als mir das Wasser bis zum Bauch reichte, fühlte ich mich, als könnte ich meine Kleidung am Strand zurücklassen und zu einem der dahindümpelnden Segelboote in der Ferne hinausschwimmen.

Die See erinnerte mich so sehr an sie. Trotz der Kälte konnte ich sie an jenem heißen Tag vor mir sehen – glänzend vor Schweiß und den Tropfen des Sprinklers: eine geschmeidige Wassernixe, ein Kobold der Springbrunnen, Wasserfälle und Frühlingsregen. Ja: sprunghaft, wankelmütig in ihren Interessen, schwer zu fassen – wie hatte ich je glauben können, ich würde sie kennen? Ich dachte, ich würde wissen, wo sie entlanggeflossen war, gegen welches Leben ihre Wellen geschlagen waren.

Biscayne Bay. Ich hatte den Rotschopf gebeten, mich zu begleiten und mir dabei zu helfen, sie mit dem Meer zu vereinen. Er hatte nur langsam den Kopf geschüttelt. »Du machst das. Sie war ein Traum, und ich würde lieber noch nicht aufwachen.« Poetisch für einen Mann, der Drinks ausschenkte, um seinen Lebensunterhalt zu bestreiten – kein Wunder, dass sie mit ihm gesprochen hatte, ihm zugehört, seine Hand gehalten, ihn berührt, Liebe mit ihm gemacht hatte.

Wir waren etwas Besonderes gewesen, Gail und ich; sie waren etwas Besonderes gewesen, Gail und der Rotschopf. Eines Tages war sie in der Stadt aufgetaucht. Sie traf den Rotschopf, einen einsamen, traurigen Mann, der gerade seine Frau bei einem Bootsunglück verloren hatte. Sie hatten miteinander gesprochen; sie hatten eine Nacht der Verbundenheit, Liebe und Hoffnung zusammen verbracht.

Ich bin froh, dass sie mich gebeten hatte, hierher zur Bay zu kommen – mit dieser Postkarte, dieser kurzen Notiz –, und damit versucht hatte zu erklären, was mit ihr und dem Rotschopf passiert war, und darauf gehofft hatte, ich würde es verstehen.

Die Bay schien an mir zu lecken, und ich hörte den Ruf eines Schiffs in der Ferne, das den Hafen verließ. Die Kälte begann, von mir Besitz zu ergreifen, und meine Wärme vermischte sich mit dem dunklen Wasser. Ich dachte daran, etwas zu sagen, doch schließlich öffnete ich einfach die Schachtel und schüttete Gails Asche langsam in das Wasser von Biscayne Bay: Nun war sie gegangen und wurde doch niemals vergessen – weder von mir noch von dem Rotschopf, und irgendwie war das auch gut so.

Bikini

Simone Harlow

»Besorg dir einen Bikini.«

Julia Landon setzte ihre Unterschrift unter den letzten Vertrag. Dann blickte sie zu ihrer Sekretärin Mavis. »Ich habe aber noch keine Bikinifigur.« Sie legte den schwarzen Füllfederhalter aus der Hand.

Mavis schnaubte. »Weiberblödsinn.«

»Ich werde mir dieses Gespräch ins Gedächtnis rufen, wenn ich mir nächsten Monat Gedanken über die Boni mache.« Julia klimperte mit den Wimpern.

»Dafür liebst du mich zu sehr.«

Niemand durchschaute sie so gut wie Mavis. »Aber ich bin wankelmütig.«

»Sieh, wie ich in meinen Jimmy Choos zittere.« Mavis hob ihren Fuß. »Die, die du mir zum Geburtstag gekauft hast. Du hast fünfundsechzig Pfund Gewicht verloren, du wirst auf einer Fortbildung in Aruba sein, die dich nichts kostet und wo niemand das einst dicke Mädchen kennt.«

»Ich muss immer noch zwanzig Pfund runterbekommen – übrigens, wer hat schon bei einem Wetter wie diesem Lust zu shoppen?« Es war mitten im Sommer, doch es war kalt in San Francisco, und sie sehnte sich nach warmer Wolle und Kaschmir und nicht nach einem knappen Bikini. Eine Woche in Aruba und sie würde vielleicht auftauen.

»Du bist eins achtzig groß. Wo willst du die hinpacken, Süße, in deinen linken kleinen Zeh?«

Julia nahm den Füller wieder hoch und zeigte damit auf Mavis. »Du hast dir deinen Bonus ganz offiziell verdient.«

»Geh zu Renées und kauf dort den ganzen Vormittag ein.«

Julia rollte die Augen. »Ich treffe mich um drei mit dem neuen Marketing-Menschen. Wir müssen uns auf den Trip vorbereiten.«

»Keine Sorge, ich werde ihn schon bei Laune halten, und wenn das nicht funktioniert, schütte ich ihm Gift in seine heiße Schokolade.«

Ein paar Stunden lang zu shoppen wäre schön. »Klingt verlockend, aber ...«

Mavis warf einen Blick auf ihre Uhr. »Mach eine lange Mittagspause. Nenne es Vizechefin-Privileg.«

Julia tippte sich mit dem Stift gegen die Lippen. »Du bist teuflisch.«

»Wofür sind Untergebene sonst da?«

Mavis hatte recht, und doch hatte sie keine Lust, irgendetwas zu kaufen, was ihre vampirweiße Haut zeigen würde, ihren üppigen Körper oder die Tatsache, dass sie dringend ein Bikini-Waxing benötigte. Dennoch brauchte sie etwas zum Anziehen, was nicht aus Wolle und Kaschmir bestand. »Okay, ich mach's.«

»Gut.« Mavis ging mit einem durchtriebenen Lächeln auf den Lippen.

Mit der schwarzen Chaiselongue und dem vergoldeten Spiegel sah die plüschige Umkleide eher wie das Boudoir eines Bordells aus als wie ein respektables Bademodengeschäft. Julia musterte ihr Spiegelbild und ging rückwärts, bis sie mit den Kniekehlen gegen einen Stuhl stieß. Vielleicht würde sie dünner aussehen, wenn sie ihr langes schwarzes Haar hinter die Ohren strich. Nein, das funktionierte nicht. Ihre Schenkel rieben noch immer aneinander. Ein Bikini machte einem niemals etwas vor.

Ihre Brüste wurden kaum von den signalroten Dreiecken verdeckt. Ein Büschel schwarzes Haar lugte aus dem Dreieck hervor, das ihre Scham bedeckte.

»Kommen Sie raus, meine Liebe. Ich will Sie ansehen.«

Ihr Körper war nicht bereit für einen Bikini. »Er gefällt mir nicht.«

»Lassen Sie mich mal sehen.«

Julia seufzte. Was hatte sie schon zu verlieren? Sie trat aus der Umkleide. Und blieb wie angewurzelt stehen. Ein großer blonder Mann stand vor ihr.

Er lächelte und nahm seine metallgefasste Brille ab. »Wunderbar.«

Julia errötete. Sie konnte sich nicht daran erinnern, wann ihr das letzte Mal ein Mann ein Kompliment gemacht hatte. »Äh, danke. Wo ist Renée?« Wie von selbst hoben sich ihre Hände, um ihre Brüste zu bedecken.

»Nein, verstecken Sie sich nicht.«

Irgendetwas an seiner weichen Stimme ließ sie gehorchen. Abgesehen davon gefiel ihr die Art, wie der Blick seiner blauen Augen ihr schmeichelte. Und er war so appetitlich. Er erinnerte sie daran, dass sie in letzter Zeit kein Liebesleben gehabt hatte. Großgewachsen und gebräunt mit scharfgeschnittenen Wangenknochen, die nur das Ergebnis hervorragender Gene sein konnten …

Den würde sie sicher nicht von der Bettkante stoßen. Während ihr Blick über seine breiten Schultern und schmalen Hüften wanderte, spürte sie schlagartig Verlangen in sich aufsteigen. Es war offensichtlich, dass er bereits eine ordentliche Beule in seiner schwarzen Hose hatte. Hunger machte sich in ihrem Bauch breit, ein flatterndes Gefühl, das sich den Weg hinunter in ihre Vagina suchte. Ihre persönliche Eiszeit dauerte bereits zu lange. Sie genoss das funkelnde Verlangen in seinen blauen Augen. Genoss es so sehr, dass sie ihre Suche nach einem schwarzen Einteiler vergaß. Fast. Der Badeanzug hing an einer Wäschestange hinter ihm. Als sie an dem Mann vorbeiging, konnte sie die fiebrige Hitze seines Körpers riechen. Es hätte weniger bedurft, um in ihr den Wunsch zu wecken, in seinem herben Duft für einige Stunden zu baden.

»Entschuldigen Sie.« Sie warf ihm einen Blick zu, und ihre und seine Schultern, die fast auf einer Höhe waren, berührten sich. Schwarzes seidiges Garn strich über ihre Schulter. Mmh, schön, dachte sie.

»Ist mir ein Vergnügen.«

Nun, in dem Punkt konnte sie mithalten – mit ihm zu vögeln würde auch ihr ein Vergnügen sein. Sie griff zu dem schwarzen Badeanzug in ihrer Größe, der an der Stange hing, und streifte die Träger vom Bügel. Noch einmal ging Julia an dem Mann vorbei, als sie zur Kabine zurückkehrte, und hätte schwören können, diesmal Enttäuschung in seinen Augen zu sehen. Aber er würde ja seinen Hintern auch nicht in einer Woche an den Strand bewegen müssen.

Allein in der Umkleide, warf Julia noch einen letzten langen Blick auf sich in dem roten Bikini. Zehn Pfund weniger als jetzt, und sie würde vielleicht den Mut haben, ihn außerhalb des Geschäfts zu tragen. Julia hörte, wie die Ladentür klingelte. Gut. Der neugierige Mann war verschwunden. Sie würde den Bikini ausziehen und den schwarzen Einteiler nehmen. Sie griff nach hinten, um die Haken des Oberteils zu öffnen, als sich die Tür zur Umkleide öffnete. Julia wirbelte herum und sah ihren Bewunderer mit einem lüsternen Lächeln auf den verführerischen Lippen.

»Der Raum ist besetzt.«

Sein einer Mundwinkel hob sich. »Ich weiß.« Er schloss die Tür hinter sich. Sein Blick wanderte über ihren Körper. »Ich will jede noch so kleine Körperstelle von dir sehen.«

Sie kicherte. »Wer sind Sie?«

»Spielt das eine Rolle?« Er starrte sie voller Verlangen an. »Deine Brüste sind wundervoll.« Er beugte sich nah zu ihr und begann, durch das glatte Material des Bikinis an ihren Nippeln zu saugen. Er drückte sie nach hinten gegen den kalten Spiegel. Julias innere Muskeln zogen sich zusammen, und ihr Bikinihöschen wurde nass. Sie konnte spüren, wie sein Schwanz ins Freie drängte. Oh, das ist gut, dachte sie, als sie ihre Finger auf seinen ungeduldigen Ständer legte. Der Mann nahm ihre Nippel zwischen die Zähne. Julia bäumte sich auf. Sie wollte diesen Schwanz in ihrem Mund.

Sie schob ihre Hände zwischen sich und ihn und drückte ihn ein Stück zurück, bis zum Sofa. Während sie ihn darauf Platz nehmen ließ, machte sie sich mit flinken Fingern an seinem Reißverschluss zu schaffen, bis sie seinen Schwanz mit der pflaumenförmigen Spitze freigelegt hatte. Der Schwanz federte vor, und ein kleiner glitzernder Liebestropfen zeigte sich. Jean beugte sich vor und leckte ihn ab.

Der Mann griff ihr ins Haar und zog ihren Kopf zurück. Es tat nicht weh, doch sie war überrascht – die meisten Männer liebten einen Blowjob.

»Ich will etwas anderes.«

»Oh?«

Er stand auf, und da er ihr Haar noch immer nicht losgelassen hatte, musste sie sich mit ihm aufrichten. Er beugte sich zu ihr und küsste sie gierig auf den Mund. Dann ließ Mr. Namenlos von ihrem Haar ab und glitt mit der Hand über ihren Rücken bis zur Hüfte. Er schob seine Finger unter den elastischen Saum ihrer Bikinihose und schob sie ihr über die Hüften.

Julia fühlte, wie ihr Körper nach ihm verlangte. Ihre Hüften drängten sich ihm entgegen. Sein Schwanz berührte ihren Bauch. Er schien genauso verzweifelt in sie eindringen zu wollen, wie sie sich danach sehnte, ihn in sich zu haben.

Sie hielt den Atem an, als er von ihr abließ, sie herumdrehte und zum Sofa führte.

»Beug dich vor und halt dich an der Lehne fest.«

Sie tat es.

»Spreiz deine Beine.«

Julia zitterte, als sie gehorchte.

Mr. Namenlos riss ihr das Bikinihöschen herunter.

Sie unterdrückte einen Aufschrei. Vom Stoff befreit, liefen ihr die Säfte über die Beine. Ihre Klitoris hämmerte. Ihr ganzer Körper war angespannt. Sie wollte es so dringend, dass sie stöhnte.

Ein Finger tauchte in ihre hungrige Spalte, als wollte er testen, ob sie für ihn bereit war.

Er tanzte über ihre Klitoris, und Lust schoss durch ihren Körper. Julia drehte den Kopf und sah in den Spiegel. Sie griff zwischen ihre Beine und zog ihre Lippen auseinander. Honig bedeckte ihre Finger.

Mr. Namenlos zog ihre Hand fort, und Julia stöhnte frustriert auf: »Nein.«

»Geduld, meine Schöne.« Er zog sich Jackett und Hemd aus.

Harte Muskeln bedeckten seine Brust und seinen Bauch.

Julia schloss die Augen und wartete darauf, dass er in sie eindrang. Er beugte sich vor, berührte ihre Klitoris mit der

Schwanzspitze und fuhr dabei kurz über ihre harte Perle. Sie spürte, wie sich das köstliche Gefühl des Höhepunkts in ihr aufbaute. Sie musste sich zwingen, ihm nicht entgegenzudrängen, um seinen Schwanz in ihre Muschi zu zwingen. Nein, das hier war sein Spiel. Julia wich zurück und drückte die Knie in das weiche Sofakissen. Sie wackelte mit dem Hintern. Er ließ einen Finger über die Spalte zwischen ihren Backen gleiten. Ihr Anus zuckte.

»Du hast einen süßen Arsch. Ich liebe Mädchen mit einem runden Hintern.«

Ihre Muskeln zogen sich zusammen bei dem Gedanken, dass er ihr geheimes Loch erobern könnte. Er zog ihre Hüften zu sich, als er vor und sich ganz in sie stieß. Sie schnappte nach Luft.

Er ließ ihr keine Zeit, sich an das Gefühl zu gewöhnen, und trieb seinen Schwanz kraftvoll in sie hinein. Ihre Muschi zog sich um ihn zusammen und drückte ihn. Julia schob sich dem Mann entgegen und half ihm so, noch tiefer in sie zu dringen. Seine Eier schlugen gegen ihre Klitoris. Er stöhnte dunkel, während er seine Hände in ihr Fleisch grub, doch der Schmerz verstärkte das Gefühl in ihr nur noch.

Sie drückte ihre Klitoris gegen ihn, massierte ihre harte Perle an seinem Schwanz. Ihr Körper explodierte. Sie warf den Kopf zurück, als sie kam und elektrische Blitze durch sie zu zucken schienen. Er zog sich fast ganz aus ihr zurück, um seinen Schwanz dann wieder tief in sie hineinzustoßen, noch mal und noch mal. Er stöhnte, bevor auch er kam und ihre nasse Höhle füllte. Sie konnte spüren, wie sein Schwanz zuckte. Sie zog ihre Muskeln um ihn herum zusammen und bewegte sich immer schneller. Er blieb in ihr, als sie sich schließlich auf das Sofa fallen ließen.

Julia öffnete die Augen. Sie war allein. In der Luft hing der schwere Geruch von Sex. Die Beine noch immer weit geöffnet, konnte sie ihre glänzenden rosa Lippen sehen. Allein der Gedanke daran, was passiert war, ließ sie schon wieder geil werden. Vorsichtig berührte sie ihre zarte Klitoris mit der Fingerspitze. Was für einen Anblick sie bot. Sie zog kleine Kreise mit dem Finger, erregte sich selbst. Nur ein Fick schien heute nicht genug für sie zu sein. Zum Teufel auch, sie hatte eine Menge nachzuholen.

»Bist du fertig da drinnen, Schätzchen?«

Julias Lider flogen auf. »Ah, sicher, Renée, gib mir nur eine Minute.« Sie nahm die Beine vom Sofa und stand auf. Die vermischten Säfte flossen aus ihrer Muschi und rannen ihre Schenkel hinab. Julia suchte nach dem roten Bikini und war entschlossen, ihn nach allem, was passiert war, zu nehmen. Enttäuscht, dass er nicht da war, wurde ihr bewusst, dass sie sich für etwas anderes entscheiden musste. Vielleicht hatte Mr. Namenlos ihn als Souvenir mitgehen lassen. Was irgendwie schmeichelhaft wäre. Sie hoffte, er hatte das Ganze ebenso genossen wie sie. Zu schade, dass ihre Wege sich niemals wieder kreuzen würden. Wenn sie sich anstrengte, würde sie vielleicht noch fünf Pfund bis zu ihrem Trip in der nächsten Woche verlieren können.

Dann hielt sie für eine Sekunde inne. Was machte sie sich Gedanken über die letzten Pfunde zu viel? Mr. Namenlos hatte nicht genug von ihrem Körper bekommen können, so wie er war. Anderen Männern würde es womöglich genauso gehen.

Schnell zog sie sich an und verließ die Umkleide. Sie konnte Renée nicht in die Augen sehen, als sie ihren Einkauf bezahlte, der aus einem bescheidenen schwarzen Einteiler bestand.

»Hat es Spaß gemacht?«

Julia hob den Kopf. »Ja, das hat es.« Gott, sie fühlte sich so entspannt. Danke, Mr. Namenlos.

Nachdem sie den Laden verlassen hatte, beschloss sie, dass sie gerade noch Zeit für einen kurzen Abstecher ins Gym hatte, um sich dort frisch zu machen, bevor sie ins Büro zurückkehren, eine Kleinigkeit essen und sich auf ihr Meeting vorbereiten würde. Sie rief Mavis an, um ihr ihre Pläne mitzuteilen.

Etwas später begrüßte Mavis sie am Fahrstuhl. »Er ist früh dran.«

Mit einem Schlag war die Aufregung des frühen Nachmittags vergessen. Die Wirklichkeit hatte sie wieder. »Wie ist er so?«

»Heiß.« Mavis fächelte sich mit einer dicken Akte Luft zu. »Mir wird ganz flau.«

»Besser als der Typ, der uns das Wasser anliefert?«

»Oh ja.«

Julia kreuzte ihre Finger. »Wünsch mir Glück, und lass uns hoffen, dass ich ihm was vormachen kann, sonst sitzen wir beide auf der Straße.«

»Wird schon gut gehen, Chefin.« Mavis gab ihr die Akte, als sie vor ihrer Bürotür standen.

Julia straffte die Schultern und betrat ihr Büro. Der große blonde Mann drehte sich vom Fenster weg, um sie anzusehen.

Mr. Namenlos. In ihrem Büro.

»Ms. Landon«, sagte er lächelnd. »Es ist mir ein Vergnügen, Sie endlich kennenzulernen.«

Sie erwiderte sein Lächeln, noch immer geschockt. »Hi«, gelang es ihr zu sagen.

Er hob eine Tasche von Renées Boutique in die Höhe. »Ich habe Ihnen ein Willkommensgeschenk gekauft.« Er griff hinein und zog den roten Bikini heraus.

Öffnen mit Doppelklick

Tom Piccirilli

Die neuen Nachbarn hatten einen weiteren hässlichen Streit. Normalerweise passierte das zwei-, dreimal in der Woche, früh am Morgen, wenn er sich fertig machte, um zur Arbeit zu gehen. Er schrie dann und nannte sie eine Schlampe, eine Nutte, und sein Gesicht war fleckig, während er mit zitternden Händen versuchte, sich die Krawatte zu binden. So etwas kannte man in East Hollywood von Drogenhändlern und unter heruntergekommenen Alkoholikern, doch dies war ein Paar voller Ambitionen. Sie rackerten und gaben sich Mühe, hatte einige hübsche Möbelstücke und einen alten, aber gut erhaltenen Chevy. In einem Jahr würde er eine Gehaltsstufe aufsteigen, und dann würden sie sich nicht einmal mehr die Mühe machen müssen, ihren Kram zusammenzupacken, wenn sie umzogen, sondern konnten ihr ganzes bisheriges Leben einfach zurücklassen.

Ich hatte keine Ahnung, was zur Hölle ihn eigentlich immer so erzürnte, denn – soweit ich es mitbekam – tat sie den ganzen Tag über nicht viel mehr, als im Garten zu arbeiten und Blumen in der heißen Sommersonne zu pflanzen, an ihrem Computer zu sitzen und Wasser aus der Flasche zu trinken.

Wie mein Zuhause hatte ihres ebenfalls ein Panoramafenster nach vorne raus und hinten Glastüren mit übermalten

Holzrahmen. Und genau wie ich hatten sie keine Vorhänge und würden vermutlich auch nie welche haben.

Sie hatten einen Bernhardiner namens Bugsy, der seine Haufen mit der Präzision eines Schweizer Uhrwerks auf mein Grundstück setzte, doch ich mochte den Hund, und gewöhnlich saß er mit mir auf der hinteren Veranda, während ich an meinem neuesten Drehbuch arbeitete. *Zypho: Kreatur vom Rande des Universums*. Selbst Bugsy mochte den Titel nicht, und er gähnte häufig, wenn ich ihm Passagen aus dem Skript laut vorlas.

Mein Produzent, Monty Stobbs, kam eines Nachmittags auf einen Sprung vorbei, als meine Nachbarin gerade draußen den Garten mähte. Ihre Bräune hatte bereits eine rötliche Note angenommen. Sie hatte sich mit Babyöl eingerieben, das ihren Körper im goldenen Nachmittagslicht schimmern und leuchten ließ. Ihre sommersprossige bronzefarbene Haut wirbelte bereits durch meine Träume und brachte sie durcheinander. Sie hatte ihr Haar zu einem Pferdeschwanz zusammengebunden, war barfuß und trug ein Neckholder-Top und weiße Shorts, sodass die Schweißperlen, die ihr über die Schultern und über die Rückseite ihrer Schenkel rannen, so deutlich zu erkennen waren wie meine perversen Gedanken.

Immer wieder beugte sie sich vor und nahm dann eine Pose ein, die mich die Luft durch die Zähne einsaugen ließ. Sie hatte sich etwas Erde auf die Stirn geschmiert, als sie sich mit der schmutzigen Hand den Schweiß weggewischt hatte. Ihr strahlendes Lächeln, die leicht nach oben gerichtete Nasenspitze und ihr glattes blondes Haar ließen sie zum Anbeißen hübsch aussehen. Sie war nur etwa einen Meter fünfzig groß und hatte gerade genug Fleisch auf den Knochen, dass es wackelte, wenn sie sich bewegte. Sie ließ einen davon träumen, sie in einen billigen Film mitzunehmen und dann in der Loge zu vögeln.

»Wem gehört der Hintern da nebenan?«, fragte Monty.

»Auf der Hundemarke steht, dass seine Besitzer Jack und Jane Barker sind.«

»Hast du noch nicht Hallo gesagt?«

»Ich bin nicht oft draußen.«

»Himmel, Jack und Jane. Aber die gleichen Klamotten tragen sie nicht, oder?«

»Es ist nicht so kuschelig, wie es sich anhört. Sie schreien sich mehrmals in der Woche übel an, bevor er zur Arbeit geht.«

»Unglücklich verheiratet. Sie ist den ganzen Tag über zu Hause; du bist den ganzen Tag über zu Hause. Ich sehe da gewisse Möglichkeiten.« Er dachte für eine Minute darüber nach. »Glaubst du, sie würde in *Zypho* mitspielen? Diese Wahnsinnsszene im Waschzuber? Diese Titten wären eine tolle Werbung. Sie würden unseren Absatz verdoppeln.«

»Vielleicht werde ich es ihr vorschlagen.«

Während der nächsten Woche hatte ich ein Auge auf sie, lauschte ihrem Geschrei und beobachtete sie durch das Fenster ihres Arbeitszimmers, wo sie den ganzen Nachmittag über arbeitete, wenn sie nicht gärtnerte. Ihr Grundstück war übersät mit Granatapfel- und anderen Obstbäumen, weiter hinten standen einige dichte Büsche neben Unkraut und Wildblumen. Mein Zimmer lag gerade hoch genug, dass ich durch ihr Wohnzimmerfenster und bis hinaus in ihren Garten blicken konnte. Ich fand heraus, worum ihr Streit ging, als der FedEx-Kerl ihr ein Packet brachte und ich sah, wie sie kurz darauf eine Webcam aufstellte. Ich war überrascht darüber, wie leicht das ging und wie schnell sie sich dann in dem kleinen Arbeitszimmer auszog. Jane Barker tänzelte herum und wackelte mit dem Hintern vor der Kamera herum, zu Beginn eher zurückhaltend, doch schnell immer ungenierter und erregter. Genau wie ich. Ihre Titten waren größer, als ich erwartet hatte, wenigstens 70 C, und das bei ihrer schmalen Figur. Sie zupfte an ihren Nippeln, während sie tanzte. Ich saß da und streichelte meinen Schwanz, während sie an ihrer Muschi herumfingerte und für jeden x-beliebigen geilen Typen im Web masturbierte. Bugsy was draußen auf dem Rasen und schnarchte leise.

Ich machte mich daran, sie im Netz zu finden. Es kostete mich vier Achtzehn-Stunden-Tage, mich durch Tausende von Amateur-Pornoseiten zu klicken, bis ich endlich auf ihre stieß – und auch das nur rein zufällig. Zu diesem Zeitpunkt waren meine Augen bereits knallrot und mein Schwanz rohes Fleisch, und ich hatte mehr kranken und lächerlichen Dreck gesehen, als ich mir je hätte vorstellen können.

Doch ich hatte Jane gefunden.

Monty kam herein, angefressen und vor Wut schäumend.

»Ärger mit dem Studio?«, fragte ich.

»Nein, ich bin nur gerade in einen gewaltigen Haufen Hundescheiße auf deinem Rasen getreten.«

»Mit besten Empfehlungen von Bugsy. Das ist Jacks und Janes Hund.«

»Gottverdammt, du hast nicht einmal einen Ventilator hier drin, und draußen ist es fünfunddreißig Grad heiß. Wie zum Teufel hältst du das aus?«

»Coole Gedanken.«

»Verarsch mich nicht. Hast du das Skript inzwischen fertig?«

Seit Tagen hatte ich nicht einmal mehr an Zypho, den Gehirnsauger, gedacht, trotzdem bejahte ich die Frage.

»Hast du mehr Collegegirls reingenommen, wie ich es gesagt habe?«

Wann zum Teufel hatte er mich darum gebeten? »Jede Menge«, sagte ich.

»Gut.« Er sah, wie ich über seine Schulter hinweg aus dem Fenster blickte. »Schaust du dir Miss Jane an?«

»Sie hat eine Amateurwebsite, tummelt sich live vor der Webcam und lädt Nacktfotos von sich hoch.«

»Echt?« Monty spitzte die Ohren. »Gut zu wissen. Mal sehen, ob sie im Film mitmachen will. Wir brauchen ein Mädchen für die Badezuber-Szene, wenn Zypho der heißen Braut am Kleinhirn herumknabbert.«

»Das hattest du bereits erwähnt.«

Ich rief ihre Website auf und zeigte sie ihm. In fetten Buchstaben stand am oberen Rand des Bildschirms VOYEURWEB und CYPEREROTICA. Dann folgten die üblichen Hinweise, dass man für den Besuch über achtzehn zu sein hatte. Am Ende der Seite standen die Worte *Öffnen mit Doppelklick*.

Noch war die Site weitgehend leer bis auf zahlreiche Ankündigungs-Icons. Es gab einige Nacktfotos von Jane in verschiedenen Posen, bei denen einem sofort die Eier hart wurden.

»Scheiße«, sagte Monty. »*Bald online*. Fünftausend Fotos mit Hardcore-Sex. Miniaturbilder. Live Videostream. *Originalmaterial, kein professioneller Vertrieb*. Hey, das gefällt mir.« Er legte den Kopf schräg und klebte mit der Nase am Fenster. »Whoa. Sie ist beschäftigt da drüben. Beobachtest du sie überhaupt dabei?«

»Die Vorhänge sind immer geöffnet. Bis jetzt habe ich noch nichts zu Abgefahrenes gesehen.«

»Vielleicht filmt sie sich in einem Motel mit anderen Männern?«

»Sie ist immer zu Hause und arbeitet an ihrer Bräune.«

Doch an dem Tag, als Jane den FedEx-Fahrer ins Haus bat,

wusste ich, dass etwas anderes passieren würde. Wie es aussah, war sie gerade erst vom Strand zurückgekehrt. Er klopfte und reichte ihr ein Päckchen, aber statt nur auf seinem Klemmbrett zu unterschreiben, lockte sie ihn herein. Es gab kein großes Vorspiel.

Ich erhob mich aus meinem Sessel, als ein heißer Windhauch über mich hinwegstrich. Jane streifte ihr leichtes Baumwollkleid ab, sodass sie nichts als ein Bikinihöschen trug. Sand klebte ihr am Hintern.

Ihre Titten bewegten sich verführerisch, als sie durch die Hintertür trat und über den Rasen ging. Ihre pinkfarbenen Nippel mit den großen Vorhöfen ließen mich die Luft anhalten, und ich hielt mich an der Schreibtischkante fest, als würde ich meine zwölfte Dosis Elektroschocks an diesem Tag erhalten. Sie stand im Gras und spritzte sich mit dem Schlauch ab. Meine Kiefer mahlten so hart, dass ich spürte, wie die Füllungen in meinen Backenzähnen knirschten.

Bikinistreifen zogen sich über ihren bronzefarbenen Körper. Jane schlenderte zu einer der Sonnenliegen hinüber und setzte sich, während der FedEx-Mann durch die Hintertür kam, sich überrascht umsah und leicht zitternd dastand. Ich konnte mir vorstellen, was ihm durch den Kopf ging: die Sorge um einen Ehemann, AIDS, oder dass es sich die Lady möglicherweise anders überlegte und jede Sekunde »Vergewaltigung!« schreien würde. Dinge wie diese sah man im Fernsehen, aber sie passierten keinem pummeligen Jungen vom Lieferservice.

Sie zog ihn zu sich auf die Liege, öffnete seine Hose in weniger als drei Sekunden und zog ihm die Unterhose aus. Sein Schwanz lag halb erregt auf seinem breiten Bauch. Der Junge hatte Schiss, und das konnte ich ihm nicht verübeln.

»Was willst du? Soll ich ihn dir hart machen und mich dann auf dich setzen?«, fragte sie ihn.

Er nickte eifrig, als ob ihm jemand die Nackenmuskeln durchtrennt hätte.

Sein blasser Körper begann bereits, sich in der Sonne zu röten. Jane lachte und rieb sich bei jeder Gelegenheit an ihm, während Schweiß zwischen ihren Brüsten herablief. Sie nahm seine Eier in die Hand und strich mit den Fingerrücken um sein Geschlecht und über seine Oberschenkel. Sie hatte seine volle Aufmerksamkeit, und meine ebenso. Ohne seinen Ständer zu berühren, fuhr sie mit den Fingerspitzen spielerisch in Achten durch sein Schamhaar. Dann veränderte sie ihre Position, kniete sich ans Ende der Liege und glitt endlich mit ihrer Hand hoch und runter über seinen Schaft. Sie spielte so langsam mit ihm, dass seine Pupillen nach hinten rollten und er aufstöhnte, als hätte man ihn angeschossen.

Sie sah hoch und über seine Schulter hinweg zu ihrem Bürofenster hin, und da wusste ich, dass sie sich und ihn zusammen filmte.

Darum ging es in dem Spiel. Um Spaß. Sie spielte noch eine Weile mit seiner Erektion. Die Unterlippe des Jungen hing herunter, während sie ihn streichelte. Ich konnte nur hoffen, dass ich nicht so dämlich beim Sex aussah, auch wenn ich es vermutlich tat.

Der FedEx-Fahrer hatte nun einen wirklich Harten und schien von seinem eigenen Schwanz beeindruckt. Du weißt, dass du für einen guten Fick bereit bist, wenn das der Fall ist. Jane suchte seinen Blick und drängte ihn, sich ihren Kopf auf den Schoß zu drücken. Zuerst begriff er nicht, doch als ihm klar wurde, worauf sie aus war, drückte er sie an ihrem Pferdeschanz nach unten, während sie bereit war, seinen Schwanz in den Mund zu nehmen.

Sonnenstrahlen fielen über mein Gesicht, und ich war schweißgebadet, wie ich bemerkte. Die Luft war so heiß, dass ich nach Luft schnappte, die Temperatur in meiner Bude betrug an die vierzig Grad. In der schwülen Hitze schwirrte mir der Kopf, und ich war wie betrunken vor Erregung.

Ihre Lippen öffneten sich, und sie nahm ihn in den Mund, vorsichtig darauf bedacht, dass die Kamera auch alles aufnahm. Er legte die Hände an ihren Kopf und drückte weiter, bis sie ihn ganz umschloss, ihn leckte und an ihm saugte. Ich war mir sicher, dass es ihr nicht möglich sein würde, die ganze Szene einzufangen, egal wie gut sie die Kamera positioniert hatte. Keine Nahaufnahmen, kein Wechsel des Blinkwinkels, keine echte Kameraführung.

Jane saugte eifrig, doch hielt sie von Zeit zu Zeit inne, um über seine Eichel zu lecken, sich aufzusetzen und in Richtung Fenster zu lächeln. Sie presste ihre Titten um seinen Schaft zusammen und bot so eine weitere wundervolle Pose. Der Kerl öffnete kaum die Augen und war sich nicht bewusst, dass irgendetwas Ungewöhnliches vor sich ging. Als sie den Mund erneut um seinen Schwanz schließen wollte, spritzte er ihr plötzlich über die Nasenwurzel, wobei ihm die Zunge aus dem Mund hing, als wäre er debil. Sie sah so überrascht aus, dass ich schon dachte, sie würde ihm gleich ins Gesicht schlagen.

Er reagierte, wie es jeder von uns tun würde. Er wischte sich kurz sauber, zog sich den Reißverschluss hoch, sprintete zur Tür und ließ Jane allein auf der Liege zurück, wobei ihr sein Saft vom Kinn tropfte. Soweit ich es hatte sehen konnte, hatte sie nicht einmal auf seinem Klemmbrett unterschrieben.

Einige Tage vergingen, in denen sie offensichtlich Aufmachung und Zweck ihrer Website überdachte. An ihren Bäumen reiften die Früchte und fielen so groß und saftig zu Boden, dass mir die Symbolträchtigkeit bereits Probleme bereitete – manchmal braucht man eben ein wenig Subtilität. Ich behielt Jane im Auge und checkte mehrmals am Tag ihre Site, doch es gab keine neuen Einträge. Ein anderer FedEx-Fahrer brachte weitere Hardware vorbei, und ich vermutete, dass sie zusätzliche Kameras installierte. Mit der entsprechenden Software würde sie in der Lage sein, ohne Kosten ihre eigenen kleinen Pornofilmchen herzustellen.

Monty kam vorbei und schrie: »Fuck, ist das heiß hier! Schaff dir endlich eine Klimaanlage an.«

»Ich kann mir kaum die Miete leisten.«

»Dann hab wenigstens genügend kaltes Bier im Haus.« Er guckte in meinen Kühlschrank und schnaubte. »Wie zum Teufel kannst du so überleben? Leckst du etwa die schimmligen Kunststoffböden hier drin ab?«

»Meine Leidenschaft nährt mich.«

Ich erzählte ihm die Geschichte von Jane und dem FedEx-Moppel. Er sagte: »Du weißt, dass es keine große Mühe kosten würde, *Zypho: Kreatur vom Rande des Universums* in einen soliden Sexfilm umzuschreiben.«

»Zypho: Hengst aus einer anderen Galaxie?«

»Nun, warum eigentlich nicht? Die Hälfte der kreischenden Dramaqueens, bei denen ich angeklopft habe, haben schon mal in den Softpornobereich hineingeschnuppert, und einige von ihnen haben auch schon härtere Sachen gemacht.«

»Was werden deine Geldgeber denken?«

»Sie werden uns lieben. Sex verkauft sich. Vielleicht sollten Zyphos Tentakeln nicht in den Nasen der Mädchen verschwinden, um ihnen das Hirn auszusaugen, sondern in ihren Muschis, um an ihre Säfte zu kommen … äh …, um mit ihnen sein Raumschiff zu betanken und in seine eigene Galaxie zurückzukehren. Hm?« Er grinste hoffnungsvoll und stellte sich bereits die neue Badewannenszene vor und wie die dildoförmigen Tentakeln in jede Körperöffnung glitten. »Glaubst du, das würde funktionieren?«

»Sicher«, entgegnete ich, und er trollte sich davon, um einige Anrufe zu tätigen und die Idee seinen in die Jahre gekommenen Pornosternchen und Horrorfilm-Ladys zu verkünden.

East Hollywood war sicherlich ein ausgeflippter Ort, aber hier bekam wirklich jeder seine Chance.

Irgendwann kündigte Jane auf ihrer Homepage an, dass sie »persönliche Videos« für fünfzig Mäuse das Stück machen würde. Ihre Site war nun nur noch über eine Mitgliedschaft zu sehen, 29,95 Dollar für sechs Monate Zugang. Ich schrieb mich ein, wobei ich Montys Firmenkonto benutzte. Einige der neuen daumengroßen Bilder waren viel abgefahrener als die vorherigen. Es gab Fotos, auf denen Jane mit Haushaltsgegenständen masturbierte, sich aus nuttigen Klamotten schälte, sogar einige Bilder, auf denen sie den Schwanz ihres Mannes lutschte. Kein Wunder, dass sie in letzter Zeit nicht mehr so häufig stritten.

Das Video von sich und dem FedEx-Kerl lud sie nie hoch, also musste ich mit meiner Vermutung recht gehabt haben, dass die Aufnahme armselig geworden war. Aber sie postete einige Aufnahmen, auf denen sie mit dem Schwanz des Moppels spielte, ihre nackten Titten in seinem Gesicht hatte oder auf denen sie überrascht guckte, sein Ejakulat auf den Lippen.

Ich saß auf meiner Veranda, aß zu Mittag und verfütterte Teile meines Bologna-Sandwiches an Bugsy, während ich zum Nachbarhaus hinübersah und darauf wartete, dass sie wieder vor die Kamera trat.

Stattdessen streckte sie den Kopf zur Hintertür hinaus und rief: »Bugs!« Es war, wie wenn eine Frau ihren Mann ans Telefon ruft. Der Hund ignorierte sie, während ich ihm ein Stückchen Wurst und noch ein paar Kartoffelchips gab. Suchend blickte sie in den Garten, und ihr Blick blieb an dem Bernhardiner hängen, der neben mir saß. Zum ersten Mal überhaupt nahm sie mich bewusst wahr und sah mich direkt an. Mein Schwanz zuckte zweimal.

Ich ging auf den Zaun zu, und sie fragte: »Geht er Ihnen auf die Nerven?« Da war ein Singsang wie bei einem kleinen Mädchen in ihrer Stimme, der zu ihrer kecken Art, zum Schwung ihrer Schritte und dem Wippen ihres Pferdeschwanzes passte. Ich trat noch näher an den Zaun heran, um sie besser sehen zu können und meinen Ständer zu verbergen. Ich drückte mich an einen Pfahl.

»Nein, überhaupt nicht. Wir sind Kumpel geworden in den letzten Wochen.«

»Tut mir leid, ich habe mich noch gar nicht vorgestellt, aber wir waren so beschäftigt damit, auszupacken. Ich bin Jane Barker. Mein Mann heißt Jack.«

Aus irgendeinem Grund sah ich keine Notwendigkeit, ihr meinen Namen zu nennen, und sagte nur: »Ich weiß. Ich habe es auf Bugsys Hundemarke gelesen. Wie gefällt Ihnen die neue Umgebung?«

Wir machten Small Talk für die nächsten zehn Minuten, und ich musste mich dazu zwingen, nicht ins Träumen zu geraten und mir vorzustellen, wie ich sie wild im Garten hinter dem Haus fickte, in ihren nuttigen Outfits und mit Zyphos Gummidildo in ihrem Arsch. Als sie meine Hand nahm, um sich zu verabschieden, wurde ich beinahe ohnmächtig in der Sonne.

»Ihr Gesicht ist rot«, sagte sie. »Seien Sie vorsichtig hier draußen in der Hitze. Sie schwitzen ja wie verrückt. Geben Sie eine extra Prise Salz in Ihr Essen, das hilft dem Körper, den Wasserhaushalt zu regulieren.«

»Danke für den Tipp«, entgegnete ich und sah ihr nach, wie sie zurück ins Haus ging.

Jane begann damit, Live-Chats zu führen. An einem Samstag um Mitternacht meldete ich mich als »Kreatur« an. Der Chatroom war auf fünfzig Mitglieder begrenzt und bereits voll. Das Geld musste nur so ins Haus der Barkers rollen. Vermutlich ein weiterer Grund, warum ihr Mann seine morgendlichen Beschimpfungen eingestellt hatte.

Eine Menge Kerle stellten ihr alle möglichen Fragen, die von langweilig bis lächerlich reichten. Nichts davon beleidigte sie, und sie beantwortete sie höflich und aufmerksam. Das nervte wiederum andere Typen, dir nur Dirty Talk zum Festpreis von ihr wollten. Doch Jane zeigte sich nachdenklich, ehrlich und umgänglich. Ich wunderte mich, wie lange sie so weitermachen würde, aber drei Stunden später gab sie nach wie vor ihr Bestes. Um fünf Uhr morgens gab es dann nur noch sie und mich.

Ich tippte in die Tastatur: *Ich hätte gern ein persönliches Video.*

Sicher, antwortete sie. *Ich habe bisher nur wenige Anfragen bekommen, und die waren extrem verrückt.*

Vielleicht glaubst du ja, dass das bei mir genauso ist.

Zweifellos.

Es war schön zu wissen, dass sie Wörter wie »zweifellos«, benutzte. *Du hast erwähnt, dass du einen geschützten Garten hast. Gibt es Nachbarn?*

Sie zögerte kurz. *Ja.*

Fühlst du dich zu einem von ihnen hingezogen?

Ja.

Okay, dass bedeutete also, dass sie entweder auf mich oder auf Mr. Mendelbaum auf der anderen Seite ihres Hauses stand, und der war um die siebzig. Doch vielleicht hatte sie ja einen Vaterkomplex. Trotzdem rechnete ich mir gute Chancen aus, dachte mir *Warum zum Teufel nicht?* und wagte es: *Wenn es sich das nächste Mal ergibt, geh nach draußen und film dich dabei, wie du mit deinem Nachbarn von nebenan fickst.*

Wie willst du wissen, dass er es ist?, fragte sie. *Ich könnte über meinen Partner lügen. Es könnte irgendwer sein. Mein Mann zum Beispiel.*

Ich vertraue dir.

Warum?

Ich habe Vertrauen in eine Frau, die fast sechs Stunden damit zugebracht hat, mit einem Haufen geiler Verrückter zu sprechen. Das hat Klasse.

Das wird ganz schön was kosten. Du musst im Voraus zahlen.

Sicher.

Sie beendete die Nacht, indem sie Folgendes tippte: *Ich glaube, ich werde dir geben, was du willst.*

An diesem Wochenende trieb ich mich viel auf der Veranda herum, bis mir in den Sinn kam, dass sie möglicherweise bis Montag, wenn Jack wieder zur Arbeit ging, gar nichts unternehmen würde. Bugsy und ich verbrachten etwas Zeit miteinander, und ich brachte es sogar fertig, zwei weitere Versionen von *Zypho* zu schreiben, je nachdem, welchen Weg die Produzenten mit dem Film einschlagen wollten. Nun hatten wir die Wahl zwischen einem Low-Budget-SF-Werk, einer Softporno-Komödie und einer Hardcore-Gummifetisch-Nummer. Montagmorgen trat ich gut hörbar durch die Tür nach draußen und setzte mich auf die Veranda, wo ich vorgab, einige Notizen und Papiere zu korrigieren. Die ganze Zeit über betete ich darum, dass Jane bloß nicht nach gegenüber gehen würde, um es mit Mr. Mendelbaum statt mit mir zu treiben. Man konnte nie wissen.

Sie schlüpfte aus der Hintertür ins Freie mit nichts als einem Bikini am Leib und warf mir Seitenblicke zu. Ich fragte mich, welche Rolle sie spielen würde: die kühle Verführerin, die heiße Schlampe oder das kokette Weibchen. Sie cremte sich ausgiebig im heißen Sonnenlicht ein, trank Wasser aus einer Flasche und goss sich den Rest über den Kopf. Das nasse Haar klebte ihr an der Kehle. Sie machte ein paar Tanzschritte auf dem Rasen, während eine leichte Brise den süßlichen Geruch der Bäume zu mir trug. Ich beschloss, ihr auszuhelfen, lehnte mich an den Holzpfeiler der Veranda und sah sie aufmerksam an. Ich ging hinüber zum Zaun und wollte ihr ein entwaffnendes Lächeln schenken, das wohl eher wie das anzügliche Grinsen eines Verrückten daherkam. Es war, wie es war.

Jane rieb sich noch immer mit Sonnenmilch ein, massierte ihre glänzenden Beine und fuhr sich über den flachen Bauch. Sie kam zu mir herüber und lächelte, hob ihre Hände in den Nacken und strich dann über ihr Bikinitop und knetete ihre Titten darunter. Sie tat es wie in einem Rausch und leckte sich dabei über die Lippen. Ich konnte mir nicht helfen, setzte über den Zaun und sprintete zu ihr hin. Sie stand nun direkt vor mir und schenkte mir ein schamloses Lächeln. Sie war sich der Kamera sehr wohl bewusst und sorgte dafür, dass wir in der richtigen Position vor ihr standen. Wenn ich einen Schritt zur Seite machte, zog mich Jane zurück. Es war erregend zu wissen, dass sie mich – einen Fremden – nur benutzte, um einen anderen Fremden – ebenfalls mich – mit einem Video anzutörnen.

Einen nach dem anderen öffnete sie meine Hemdknöpfe. Jane drehte sich und tanzte noch ein wenig herum, hielt das

Sonnenöl vor sich und spritzte es sich über ihren schimmernden Körper. Sie wiegte sich und ließ ihre Zunge aufblitzen, als wäre die Flüssigkeit Sperma. Sie rieb ihr Bikinioberteil gegen meine Brust und wackelte mit ihrem knackigen Hintern vor mir herum.

»Hi«, sagte ich.

Sie kicherte aus so tiefer Kehle, dass ich fast in die Knie ging. Ihr Oberteil wurde mit einem Verschluss auf der Vorderseite zusammengehalten, wie ich bemerkte. Sie öffnete ihn und ließ die Träger über ihre Schultern gleiten. Jane schüttelte sich, bis das Top zu Boden fiel, und legte die Handflächen über ihre Nippel. Dann hob sie beide Hände hinter ihren Kopf, sodass sich mir ihre Titten einladend darboten. Es war mir egal. Ich streckte die Hand aus und liebkoste ihren eingeölten Bauch, weigerte mich jedoch, ihre Titten zu berühren. Sie streckte mir ihre Nippel entgegen und sagte: »Kneif mich«, aber ich tat es nicht.

Dann streifte Jane mit einer schnellen Bewegung ihr Bikinihöschen hinab bis zu den Knöcheln und tänzelte mit einem Schritt aus ihm heraus. Sie führte mich zu der Liege, nahm meine Hand und legte sie absichtsvoll auf ihre Muschi. Ich glitt mit einem Finger in ihre Spalte und begann langsam, ihn vor und zurück zu bewegen. Ein fruchtiges Aroma lag schwer in der Luft. Jane öffnete den Reißverschluss meiner Hose, zog meinen Slip zur Seite und holte meinen Schwanz hervor. Fast hätte ich aufgeschrien. Sie streichelte meine Rute und stöhnte dabei die ganze Zeit über leise. Mr. Mendelbaum ließ sich zweifellos etwas entgehen. Sie senkte ihren Mund zu meinen Eiern und strich mit der Zunge über sie.

Da sie das Haar zu einem Pferdeschwanz zusammengebunden hatte, hatte ich eine perfekte Sicht darauf, wie sie über meine Weichteile leckte. Plötzlich öffnete sie ihre Lippen weit und nahm meine Eier in den Mund. Ich seufzte auf, und sie stöhnte so laut, dass meine Eingeweide zu vibrieren schienen. Sie spielte ihr Spiel mit mir, und so zwang ich sie zu meiner Erektion hochzuwandern und gab sie dann wieder frei. Sie stöhnte tief. Ich stieß meine Hüften vor und fickte sie in den Mund, wobei ich versuchte, nicht die Kontrolle zu verlieren. Wir spielten beide miteinander, und das war gut so.

Ab und zu drehte Jane den Kopf, um direkt in die Kamera hinter sich zu schauen. Einen Moment später drehte sie sich wieder und sah mir in die Augen. Mein Schwanz drückte fest gegen die Innenseiten ihrer Wangen und beulte sie aus. Sie begann, an mir zu saugen und mich stärker zu erregen, bis ich stöhnte und mit der Hand in ihr Haar griff. Ehe ich schließlich stoppte, stieß ich wild in ihren Mund. »Komm, ich muss dich ficken.«

Ich legte mich auf den Rücken. Sie rekelte sich über mir und senkte dann ihren Körper auf meinen Schaft. Ich stöhnte laut und tief auf. Wahrscheinlich sah ich noch lächerlicher aus als der FedEx-Kerl, aber wen kümmerte das? Ich drang in ihre Muschi, und sofort begannen ihre Säfte zu fließen. Nach wenigen Bewegungen war ihre Möse glitschig, und mein Schwanz trieb sich noch tiefer. Jane schwitzte leicht, und ich fand es überaus erotisch, wie sich kleine Tropfen auf ihrer Brust bildeten und zwischen ihre Titten rollten. Ich konnte sehen, wie die Vene an ihrer Kehle bebte, als sie noch einmal kicherte.

Mein Schwanz kam nun richtig in Fahrt, und die feuchten, schmatzenden Laute, die wir machten, während sie sich auf mir bewegte, dröhnten in meinen Ohren. Sie wurde schneller, und ich konnte fühlen, wie sich der Orgasmus in ihr aufbaute. Ihre Titten schwangen rhythmisch, und sie atmete schneller. Meine Hände lagen auf ihren Hüften, und ihr Schweiß tropfte auf mich. Sie stöhnte laut, und ich fragte mich, wie gut das Aufnahmegerät war, das sie benutzte. Sie keuchte und spannte sich an, als ich mich noch tiefer in sie stieß. Der Ausdruck auf ihrem wundervollen Gesicht, die Schweißtropfen, die an ihren Nippeln hingen, das alles gab mir den Rest, und ich schrie heiser auf. Mein Sperma füllte sie in dem Moment, in dem sich ihre Muschi um meinen Schwanz zusammenzog und sich noch ein wenig mehr um mich krampfte.

Jane entspannte sich, und ich glitt aus ihr heraus. Sie griff nach unten und streichelte mich sanft, während ich mich zurücklehnte, drehte sich dann auf den Bauch und leckte mich sauber. Ich sah ihre Zunge, die über meinen Schwanz strich, während sie ihn an ihrer Wange rieb.

»Hör zu, ich muss dir etwas sagen«, sagte sie.

»Vergiss es, ich weiß von der Kamera.«

»Wirklich?«, fragte sie. »Woher?«

»Nun, ich beobachte dich schon seit einer Weile. Ich bin ›Kreatur‹, der Kerl, mit dem du neulich Nacht gechattet hast. Ich bin derjenige, für den du das Video machst.«

Ihre Wangen wurden leuchtend rot, und sie schob meinen Schwanz zur Seite. »Du Scheißkerl, was für ein mieser Trick!«

Ich nickte. »Stimmt. Nun, dann lass es mich wiedergutmachen.«

»Wie?«

Der Sommer würde heiß für uns bleiben. Ich dachte an ihre Titten und an die Badewannenszene, in der Zypho, der Außerirdische, mit seinen Tentakeln den Muschisaft überraschter, gut entwickelter Studentinnen aufsaugte, um damit sein Schiff zu betanken.

»Hast du Lust, in einem anderen Film mitzuspielen?«

Das Lied des Ozeans

Michele Zipp

Sie seufzte, als sie erwachte. Noch ein Samstag ohne Damien, dachte sie. Doch Mallory wusste auch, dass es Zeit war, nach vorn zu schauen, weiterzumachen und sich wieder zu verabreden. Ihre beste Freundin Janice gab eine Party in ihrem Strandhaus in der Nähe des Pacific Coast Highway. »Bleib nicht schlecht gelaunt zu Hause, Mallory«, hatte Janice gesagt. »Ich verspreche dir, dass das eine Party wird, die du nicht versäumen willst.«

Sie fühlte sich seltsam dabei, allein zu der Party zu gehen. Als Single. Den ganzen Tag über quälte sie sich bei dem Gedanken, auszugehen und sich unter die Leute zu mischen.

Doch als die Sonne unterging, lief sie zu Fuß am Strand entlang Richtung Norden. Nur Heilige bleiben allein zu Hause, dachte sie.

Es ging eine leichte Brise. Die feinen Salzwassertröpfchen fühlten sich gut auf ihrem Gesicht an, während sie knöcheltief durch das Wasser watete, die Jeans bis zu den Knien hochgerollt und ihre Schuhe in der Hand. Die Sonne sah friedlich aus und leuchtete tief orange. Sie schickte nicht länger Hitze aus dem Westen herüber, sondern verabschiedete sich bis zum nächsten Tag. Mallory fühlte sich genauso. Sie wollte schlafen, die Party vergessen und von Damien träumen. In der Dämmerung hielt sie inne und setzte sich in den Sand.

Niemand sonst war in der Nähe. Die Surfer und Spaziergänger hatten den Strand bereits verlassen, und so streifte sie ihre Jeans ab und ging in den Ozean mit nichts als ihrem weißen Slip und einem weißen Tanktop. Sie atmete die Meeresluft ein. Das Wasser war kalt, und Mallorys Unterwäsche wurde nass und damit transparent. Ihre Nippel, prall und braun, waren durch das feuchte Hemd sichtbar, und ihr schwarzes Schamhaar zeichnete sich unter dem Höschen ab. Mallory ließ ihre langen schwarzen Haare hinter sich ins Wasser gleiten, dann kehrte sie zum Strand zurück, um sich zu entspannen. Ihr Plan, zu Janices Party zu gehen, verflüchtigte sich. Sie lag einfach nur da und lauschte den wundervollen Lauten des Ozeans.

Sie musste eingeschlafen sein. Als sie wieder aufwachte, war die Sonne längst untergegangen und ihre Unterwäsche beinahe trocken. Nur ihr Haar war noch immer feucht und lag ausgebreitet auf dem Sand, den sie im Nacken spürte. Es fühlte sich unbequem als, als sie die Augen öffnete, zum violettblauen Himmel hinaufblickte und eine kühle Brise über sie hinwegstrich. Sie spürte, dass sie beobachtet wurde. Als sie sich aufsetzte, sah sie instinktiv nach links hinüber, und da war er. Damien.

Er musste darauf gewartet haben, dass sie aufwachte, während er dort saß, etwa drei Meter von ihr entfernt. Er sah heißer aus denn je. Sein aufgeknöpftes Hemd war leicht geöffnet, sodass sie sein Brusthaar sehen konnte, was sie schon immer angemacht hatte. Ohne ein Wort stand er auf und kam auf sie zu. Er trug keine Schuhe, und seine Jeans waren nass bis zum Knie. Er beugte sich herunter, um sie zu küssen, doch sie widerstand ihm und stieß ihn zurück. Sie liebte diesen Mann, aber seit ihrer Trennung vor drei Wochen hatten sie sich nicht mehr gesehen. Es war schmerzhaft gewesen, und Mallory wusste nicht, wie sie jetzt mit der Situation umgehen sollte.

Sie wollte etwas sagen, aber Damien brachte sie mit einem Kuss zum Schweigen. Sie spürte, wie etwas Besitz von ihr nahm – Leidenschaft, Lust, Liebe, Verlangen. Vielleicht lag es am eindringlichen Rhythmus, mit dem die Wellen an den Strand schlugen und der wie Musik in ihr widerhallte. Vielleicht war es auch das Gefühl von Damiens Hand in ihrem Nacken, wie er den Sand wegstrich, seine Haut auf ihrer Haut. Vielleicht war es, weil sie seine Berührung vermisste. Doch das spielte keine Rolle, als sie nachgab und er sie an sich zog. Sie roch seinen maskulinen Duft, nach sauberem Schweiß, während seine Zunge ihren Mund eroberte. Und sie hungerte nach mehr.

Sie sprachen nicht, als seine Hände über ihren Körper glitten, und ihre Erregung stieg mit jeder Sekunde. Damien fuhr mit seiner großen Hand in ihr Höschen und legte sie auf ihre Muschi. Sie fühlte seine Hitze auf ihrer Haut und wie sein Finger in ihre Höhle glitt. Sein Mund war verrückt nach ihrem Körper und wanderte nun Richtung Süden sanft. Er hielt inne, um sie unterhalb des Bauchnabels zu küssen. Er zog ihr das Hemd über die Brüste und zwickte sie dann leicht in beide Nippel, wobei der Sand auf seinen Fingern auf ihrer nackten Haut kitzelte. Sie lehnte sich zurück, die Beine gespreizt für ihn.

Seine Zunge fand ihren Weg nach unten, wobei Damiens Hände der feuchten Spur folgten. Mit den Zähnen begann er, ihr das Höschen herabzuziehen. Dann drückte er sein Gesicht in ihren Schoß und sog ihren schweren Duft ein. Zuerst konnte sie seine Zunge auf ihrer Klitoris spüren, heiß und nass. Es war nichts zu hören, außer den Wellen, die an den Strand rollten. Doch sie spürte, wie Damiens Stöhnen ihren Körper erbeben ließ, als er über ihre Spalte leckte. Sie zog an seinem Hemdsärmel, wollte mehr von seiner nackten Haut. Er hob das Gesicht zwischen ihren Schenkeln und stand auf, um sich Hemd und Hose auszuziehen; sein Schwanz nun endlich befreit. Damien kniete sich von hinten über ihren Kopf, und als Mallory zu ihm hochblickte, ließ er einen Finger in ihren Mund gleiten und strich dann langsam mit ihm bis zu ihrer Möse. Noch immer erregt von dem Vergnügen, das ihr seine Zunge beschert hatte, war Mallory zuerst empfindlich und kitzelig, doch dann übernahm sie die Initiative und ließ die Finger um ihre Klitoris kreisen, während sie mit der anderen Hand nach oben griff und sanft Damiens Eier drückte. Er führte seinen Schwanz zu ihrem feuchten Mund, und sie lutschte an ihm.

Als er sich auf sie legte, um sie mit seinem Mund zu verwöhnen, konnte sie sein Verlangen spüren. Sein Schwanz schien jeden Moment explodieren zu wollen, so erregt war er. Verzückt spürte sie, wie es in ihrer Muschi pulsierte, als er lang und rau aufstöhnte und sie mit ihren vor Erregung harten Nippeln über seine Brust fuhr.

Ihre Körper schienen sich im Rhythmus der Wellen zu bewegen, als sein Schwanz in und aus ihrem Mund glitt und seine Zunge jedes Nervenende zwischen ihren Beinen zum Klingen brachte. Das Wasser stieg, und das Meer erreichte bereits Mallorys Zehenspitzen und auch seine Hand, mit der er sich über ihr abstützte. Dann kam das Wasser noch höher und reichte nun bis zu ihren Waden. Sie bewegten sich nicht; das Wasser umarmte sie, und der Sand wurde weicher und gab leicht unter ihren Körpern nach.

Er wusste, wie sie es gerne hatte. Er wusste, was sie kommen ließ. Mit dem Daumen drückte er hart auf ihre Klitoris, und ihre Schamlippen waren feucht und einladend. Und auch das Meer bettelte darum, sie in sich aufzunehmen, als die Wellen um sie herum immer höher wurden.

Sie stöhnte, mit seinem Schwanz tief in ihrem Mund. Mit der Hand nahm sie seinen Schaft an der Wurzel und neckte seine Schwanzspitze mit ihrer Zunge. Langsam ließ sie einen Finger zu seiner hinteren Öffnung wandern und kreiste sanft um sie herum. Sie konnte spüren, wie sich die Erregung in ihm aufbaute, genau wie in ihr, und so drang sie mit der Fingerspitze in ihn ein. Er keuchte auf, und der Laut ging ihr sofort in die Muschi und brachte sie noch näher zum Höhepunkt. Nachdem er ein letztes Mal genüsslich mit der Zunge über ihre Spalte gefahren war, hob er den Mund aus ihrem Schoß, stand auf und zog Mallory aus der steigenden Flut hin zum trockenen Sand. Er wollte seinen Schwanz in ihr spüren, der noch feucht von ihrem Mund war. Als Damien dann in sie eindrang, sah er ihr dabei tief in die Augen. Sie wusste, was er ihr sagte – *du hast mir gefehlt*. Während er sich immer wieder mit seinem harten Schwanz in sie trieb, bog sich Mallory nach hinten, um ihn ganz tief in sich aufzunehmen.

Sie trieben es heißer miteinander als jemals zuvor, dort im Sand, im Mondlicht, und ihr Verlangen war offenkundig gegenseitig. Die Leidenschaft in ihren Augen, wie sich ihre Körper im Einklang bewegten, die Spannung zwischen ihnen – das alles sagte auch ohne Worte: *Ich will dich, ich brauche dich.* Es war animalisch. Sie ließen ihrer Lust aufeinander freien Lauf und kamen schließlich gemeinsam.

Am nächsten Morgen, als sie erwachten, ging die Sonne an einem klaren, blauen Himmel auf. Noch lag Dunst in der Luft, und außer ein paar Seemöwen war niemand zu sehen. Noch immer nackt und ohne ein Wort zu sagen, hielten sie sich im feuchten Sand umschlungen. Während sie sich ansahen, fuhr Damien mit der Hand durch Mallorys Locken und lächelte.

Sie schob sich rittlings auf ihn, die Knie in den Sand gedrückt, und küsste ihn auf seine weichen, feuchten Lippen. Sie achteten nicht darauf, ob sich jemand näherte, und es kümmerte sie auch nicht. Nun, im Tageslicht konnten sie sich besser sehen, und dann senkte Mallory den Kopf zwischen Damiens Beine, um seine Männlichkeit in den Mund zu nehmen. Sie hörte nichts als das Geräusch der Wellen, als ihr feuchter Mund hoch und runter über Damiens harten Schaft glitt. Der bloße Anblick seines Körpers erregte sie bereits, und als sie zu ihm nach oben blickte, spürte sie ein unbändiges Verlangen tief in ihrer Muschi. Mit seinen starken Händen strich er über ihr Haar und legte sie dann auf ihre Brüste. Das Gefühl, wie seine Finger über ihren Körper glitten, ließ sie beinahe kommen.

Dann hob er sie hoch und trug sie hinunter zum Strand und zu den Felsen. Auf einem flachen Stein, den die Flut umspülte, setzte er sie ab und erkundete dann jede noch so kleine Stelle ihres Körpers, während sie sich immer mehr nach ihm verzehrte. Mallory hatte nicht nur Schmetterlinge im Bauch, sondern in ihrem ganzen Körper. Damiens heißer Atem machte sie nur noch geiler.

Während das Wasser um den Fels herum schwappte, stellte sich Damien vor sie in die Wellen und zog Mallory an den Rand des Steins. Ihr Schoß war nun in der perfekten Höhe, um in sie einzudringen. Während die Wellen gegen ihr improvisiertes Lager schlugen, spürte Mallory winzige Tröpfchen Meerwasser, die über ihre Haut wuschen, während Damien mit den Fingern in sie eindrang. Die Mischung aus Salz, Schweiß und Sex machte, dass sie sich beide wild und frei wie nie zuvor fühlten. Er küsste sie hart auf den Mund und strich mit den Händen über ihren Rücken bis hinunter zu ihrem Po. Sie hob ihm ihre Brüste entgegen, damit er an ihnen saugte, und dann ließ er seinen pulsierenden Schwanz tief in sie gleiten. Leise stöhnte sie auf, und er streckte die Hand nach ihrem Gesicht aus und schob ihr einen Finger in den Mund. Schließlich zog er ihn mit der Feuchte, die er dort fand, hinunter zu ihren Brüsten. Ihre Nippel waren aufgerichtet und schienen nach mehr zu betteln. Damien hielt Mallory ganz fest, als er kam. Er küsste sie in die Halsbeuge, seine Hand lag auf ihrem Po. Er lockerte den Griff erst, als die Wellen seiner Lust abebbten. Dann drückte er Mallory vorsichtig mit dem Rücken auf den Fels und brachte sie mit seinen Fingern zum Orgasmus.

Beide saßen sie danach auf dem Stein und hielten sich fest in den Armen. Als Damien sie auf den Hals küsste, konnte Mallory ihren Duft an ihm riechen. Er näherte sich ihrem Mund, und sie küssten sich sanft und zärtlich.

»Hallo«, sagte er mit einem Lächeln.

Süß und saftig

Michelle Houston

Emily saß hinter ihrem Pult und versuchte nicht einmal, ihre Schüler vom Reden und Lachen abzuhalten. Das Wissen um die bevorstehenden Sommerferien wehte durch die geöffneten Fenster mit dem Geruch von frisch geschnittenem Gras und einer warmen Brise. Während sie die Sekunden bis zum Läuten der Klingel zählte, kämpfte sie gegen den Impuls an, ihre schmerzenden Schläfen zu massieren.

Das Läuten war bei dem Lärm, den die aus dem Raum strömenden Schüler machten, kaum zu hören. Überschäumend vor Energie sahen sie drei schulfreien Monaten entgegen.

Emily lehnte sich auf ihrem Stuhl zurück, legte die Füße auf das Pult und gestand sich im Stillen ein, dass ihr die Aussicht, die kommenden drei Monate ohne ihre Schüler ganz entspannt am Pool ihrer Freundin Renée zu verbringen, einfach nur himmlisch erschienen.

Die letzte Woche Unterricht war immer besonders schlimm, das hatte sie schon von anderen Lehrern gehört, doch sie hatte keine Ahnung gehabt, wie furchtbar es wirklich war. Das lag auch daran, dass die meisten Schüler erst im letzten Moment ihre Hausarbeiten einreichten, die sie dann hektisch korrigieren musste, ohne neue Aufgaben stellen zu können. So hatte sie eine Menge zu tun, während ihre Schüler nicht viel mehr taten, als Däumchen zu drehen.

Als sie nun die Schüler hörte, wie sie in den Gängen ihre Spinde zuschlugen und herumbrüllten, schloss sie schließlich doch die Augen und massierte ihre Schläfen. Renée lehnte am Türrahmen und betrachtete ihre Freundin. »Bleibst du den Sommer über hier?«, fragte sie mit einem Zwinkern.

»Nö, nur bis ich genug Kraft habe, um mich von der Stelle zu bewegen.« Emily öffnete die Augen und sah zu ihrer Kollegin hinüber, die eine achte Klasse unterrichtete. »Wie kommt es, dass du so viel Energie hast?«

Renée trat in den Raum und schloss die Tür, wobei sie das Lärmen Hunderter Schüler ausschloss, die hin und her über die Flure rannten, um noch in letzter Minute ihre Sachen zusammenzusuchen.

»Nun, Süße, da meine letzte Stunde heute Vorbereitungszeit war, hatte ich bereits etwas Zeit, um Luft zu holen. Außerdem ist das nicht mein erstes Jahr an der Schule. Ich bin inzwischen an den Stress am Ende des Schuljahrs gewöhnt.«

Emily seufzte und schloss wieder die Augen. »Wird es mit jedem Jahr einfacher?«

Renée lachte. »Leiser jedenfalls nicht, aber du wirst besser darauf vorbereitet sein.«

Sie stellte sich hinter Emily, legte die Hände auf die Seidenbluse der Freundin und massierte ihr sanft die Schultern, wobei sich ihre karamellfarbene Haut deutlich vom Weiß der Seide abhob.

Emily seufzte leise, als sich ihre Anspannung langsam löste. »Gott, Renée, deine Hände sind für Besseres gemacht, als Kreide zu halten und Papier zu falten.«

Kichernd arbeitete Renée daran, die Verspannungen in Emilys Schultern zu lösen. »Einige von uns treffen sich nächsten Freitag bei mir, um das Ende des Schuljahrs zu feiern. Du bist herzlich eingeladen.«

Emily öffnete die Augen und ließ den Hinterkopf an den Bauch ihrer Freundin sinken. »Danke, Renée, du bist großartig. Ich glaube nicht, dass ich es hier ohne deine Hilfe so weit gebracht hätte.«

Renée grinste und tätschelte Emilys Schultern, bevor sie sich auf die Ecke des Pults setzte. »Kein Problem. Schließlich ging es mir vor zwei Jahren genauso. In meinem ersten Jahr hatte ich auch Unterstützung, und schließlich sind wir Freundinnen. So, jetzt muss ich aber los und mich für mein Date heute Abend fertig machen. Sehen wir uns nächsten Freitag?«

Emily stand auf und umarmte Renée, ohne sich darüber richtig bewusst zu werden, dass die Nippel ihrer Freundin hart waren und sich unter der Bluse abzeichneten, als sie sie fest an sich drückte. »Ja, Renée, ich werde da sein.«

Die nächsten anderthalb Wochen schienen sich für Emily endlos hinzuziehen. Nach der Hetze der letzten neuneinhalb Monate langweilte sie sich bereits nach zwei Tagen Ferien. Schon bald hatte sie nichts mehr zu tun, und sie musste auch nirgendwo mehr pünktlich erscheinen. Wobei ihr der Gedanke, ohne Verpflichtungen in der Sonne zu liegen, definitiv gefiel.

Als sich der Freitagabend näherte, freute sie sich auch deshalb auf Renées Party, um irgendetwas zu tun zu haben. Der Sommer lag vor ihr, eine entspannende und gleichzeitig einsame Zeit.

Die heiße, schwüle Luft des Tages lag schwer über der Stadt, als sie sich fragte, was sie anziehen sollte. So wenig wie möglich, ohne zu sexy zu sein, dachte sie. Sie hatte keine Ahnung, wer alles zu der Party kommen würde, deshalb fiel es ihr schwer zu entscheiden, was sie tragen sollte.

Ein Tanktop und eine Jeansshorts würden am bequemsten sein angesichts der anhaltenden Hitzewelle, doch nachdem sie sich beides vor dem Spiegel angehalten hatte, befand sie die Sachen als zu knapp und warf sie zur Seite. Ihr Lieblingskleid in schlichtem Schwarz wäre zu warm, und die Sachen, die sie normalerweise im Klassenzimmer trug, waren zu schlicht.

Schließlich entschied sie sich für einen hellblauen Jumpsuit, der perfekt zu ihrer Augenfarbe passte. Nachdem sie hineingeschlüpft war, nahm sie sich Zeit, um zarten rosa Lipgloss und etwas Rouge auf ihr von Natur aus hübsches Gesicht aufzutragen. Sie wusste nicht, was sie erwarten würde, aber wie sie Renée kannte, würde die Party bestimmt lustig werden. Sie brauchte eine halbe Stunde, um zu Renée zu fahren, doch schon jetzt war sie kribbelig vor Aufregung und leicht verschwitzt, da die Klimaanlage ihres Autos in der Woche zuvor ihren Geist aufgegeben hatte.

Sie konnte es nicht erwarten, einen ordentlich gekühlten Raum zu betreten. Obwohl die Sonne bereits unterging, war es immer noch so heiß, dass Emily vor Schweiß leicht glänzte, als sie vor dem Apartment ihrer Freundin stand. Leise klopfte sie an die Tür und war verwirrt, keinen Partylärm zu hören. Es gab keinerlei Geräusche, die auf eine Feier hindeuteten. Einen Moment später öffnete Renée die Tür.

»Emily?« Renée schnappte nach Luft. »Oh, zum Teufel, ich habe völlig vergessen, dich anzurufen. Die Party ist auf nächste Woche verschoben.« Renée hatte sich so in die Tür gestellt, dass Emily die Sicht in ihr Apartment verwehrt blieb.

»Oh«, war alles, was Emily hervorbringen konnte, während sie in Gedanken bereits eine weitere langweilige Woche vor sich liegen sah. »Ich vermute, du hast keine Lust, noch was zu unternehmen?«

»Renée, Schätzchen, wer ist da?« Die Tür öffnete sich ein Stück weit, und eine kleine Blondine schaute hervor, um zu erröten, als Emily nach Luft schnappte.

»Hi, Emily.«

»Julie?« Emily konnte kaum glauben, was sie sah. Renée war in ihrem Apartment und trug offenbar nur einen Bademantel, und Julie, ein Kollegin, war bei ihr. Julie war bis auf ein durchsichtiges blassgrünes Seidennegligé so gut wie nackt. Sie stellte sich neben Renée.

Emily spürte, wie Neugier in ihr aufstieg. Doch sie wollte sie sich nicht anmerken lassen, obwohl sich das warme Gefühl in ihrem Bauch gut anfühlte.

»Ich glaube, ich sollte dann mal gehen«, stammelte Emily. Sie sah, wie Renée einen Arm um die kleinere Julie legte und sie an sich zog.

»Ich ruf dich morgen an, Renée. Und tut mir leid, dass ich so hereingeplatzt bin.« Während sie sich von der Tür entfernte, hörte Emily ein Kichern, bevor diese geschlossen wurde.

Die Heimfahrt stellte ihre Geduld auf eine harte Probe, weil die Klimaanlage ihres Wagens immer noch nicht funktionierte. Als sie endlich in ihre schlichte Zwei-Zimmer-Mietwohnung zurückgekehrt war, klebte die Rückseite ihrer Beine vor Schweiß. Emily war froh, der Hitze entronnen zu sein, doch Ruhe konnte sie keine finden. Die ganze Woche über hatte sie sich auf die Party gefreut, und nun, da es keine gab, wusste sie nicht recht, was sie mit sich anfangen sollte. Nachdem sie die Klimaanlage etwas heruntergedreht hatte, lief sie auf der Suche nach einer Beschäftigung durch den Raum.

Aus Langeweile setzte sie sich auf die Couch und schaltete den Fernseher ein. Schnell zappte sie sich durch die Sender, ehe sie sich entschloss, abenteuerlich zu sein und in die Liste der kostenpflichtigen Angebote zu schauen. Neue Serien und Filme, über die sie ihre Schüler hatte reden hören, blitzten auf, während sie weiterschaltete. Nichts davon fesselte ihr Interesse für länger als die wenigen Momente, die es brauchte, um die Beschreibung zu lesen.

Es dauerte nicht lange, bis sich Emily durch den Kanal für Erwachsene knipste. Während manche der Titel sie kichern ließen, ertappte sie sich doch dabei, wie sie ein *Lesbischer Sommer-Marathon* aufhorchen ließ. Bei dem Gedanken daran, wie Julie die Hand auf Renées Hüfte gelegt hatte und wie die beiden Frauen eng beieinander in der Tür gestanden hatten, konnte sie sich leicht vorstellen, wie die zwei miteinander Liebe machten.

Eilig klickte Emily auf die Fernbedienung, um noch einmal an den Anfang der Programmliste zu kommen, und scrollte dann erneut durch die kostenfreien Standardkanäle mit ihren Optionen an Wiederholungen und Nachrichten. Sie wählte eine *Law & Order*-Episode aus, die sie bereits ein dutzend Mal gesehen hatte, um dann festzustellen, dass sie sich nicht darauf konzentrieren konnte. Immer wieder musste sie an ihre Freundin mit einer anderen Frau denken. Der *Lesbische Sommer-Marathon* ließ sie einfach nicht los und trieb sie an den Rand des Wahnsinns.

Erneut klickte sie sich ins Menü und dann durch die Programme, während sie sich fragte, ob sie eigentlich noch zurechnungsfähig war. Frauen waren überhaupt nicht ihr Ding. Sicher, Frauen waren wunderschön und sexy, sinnlich und weich, eben all das, was Männer nicht waren. Und eine Frau war noch dazu so viel emotionaler – und doch stand sie nicht auf Frauen. Bis zu diesem Tag hatte sie nicht einmal über die Möglichkeit nachgedacht, dass es anders sein könnte.

Während sie noch einmal die Beschreibung des Films überflog, spürte Emily, wie ihre Muschi unerwartet feucht wurde. Und obwohl sie sich sagte, dass sie den Fernseher ausschalten und zu Bett gehen sollte, wählte sie den lesbischen Marathon. Sie machte es sich zwischen den weichen Kissen auf ihrer Couch bequem und sah, wie zwei Frauen auf dem Bildschirm erschienen, von denen die eine offenbar eine reiche weiße Society-Lady und die andere ihre Bedienstete war. Genau in diesem Moment ging die Klimaanlage wieder an, und ein kühler Lufthauch strich über Emilys verschwitzten Körper. Sofort wurden ihre Nippel hart und drückten gegen ihren BH.

Die banale und vorhersehbare Handlung nahm ihren Lauf, und die Frau überredete ihre Bedienstete unter dem Vorwand, ein glamouröses Abendkleid anzuprobieren, dazu, sich auszuziehen. Während sich die Bedienstete entkleidete, lehnte sich die Frau auf dem Bett zurück und masturbierte.

Emily blickte wie gebannt auf die rosafarbene Muschi, die sich der Kamera weit geöffnet präsentierte, und konnte einfach nicht glauben, wie perfekt diese aussah. So süß und saftig. Die intimen Lippen waren gerötet, als sie unter der Berührung der Frau anschwollen. Für einen Moment schien es keine Schauspielerin da auf dem Bett zu sein, sondern Julie, die sich in all ihrer Pracht vor ihr entblößte, ihre rasierte Pussy gespreizt und glänzend im gedimmten Licht. Emily schloss die Augen und zwang sich, das Bild zu verdrängen, und als sie die Lider wieder öffnete, war da wieder die Schauspielerin auf dem Bildschirm.

Die Frau zog die Bedienstete zu sich aufs Bett. Als sie das Gesicht der Frau zwischen den Beinen der Herrin sah und das

Rosa ihrer Zunge im Kontrast zu den roten Lippen der anderen, stöhnte Emily auf. Hetero-Pornos hatten sie bisher kaltgelassen. Sie konnte dem schnellen Ficken, dem gespielten Stöhnen und dem Mangel an Handlung nichts abgewinnen. Doch zwei Frauen auf dem Bildschirm zu sehen, wie sie einander die Muschi küssten und leckten, machte sie trotz des stereotypen Settings sprachlos. Während sie an sich herabsah, konnte sie sich beinahe Renées freche schwarze Locken zwischen ihren Beinen vorstellen und wie diese den Kopf hob und sie mit roten Lippen anlächelte, an denen der Saft ihrer Pussy glänzte.

Während sie ihre Augen wieder schloss, ließ Emily eine Hand in ihren Schoß gleiten und rieb sanft über ihr Seidenhöschen. Als sie spürte, wie der Stoff feucht wurde, begann sie mit der anderen Hand, ihr Oberteil aufzuknöpfen. Sie zog es sich über die Schultern. Dann streifte sie die Schuhe von den Füßen, stand auf und zog sich schnell den kompletten Jumpsuit aus. Schließlich stand sie erneut auf, nur noch mit BH und Slip bekleidet. Die Gefühle, die durch ihren Körper rasten, waren vertraut, doch diesmal hatten sie eine köstliche Note, wie Emily sie noch nie zuvor empfunden hatte. Irgendwie fühlte es sich so richtig an, den Frauen auf dem Bildschirm dabei zuzusehen, wie sie einander berührten und sich Lust schenkten.

Emily schob die Spitze ihres Höschens zur Seite und strich sich sanft über die Muschilippen, während die Frauen sich gegenseitig und gleichzeitig zum Orgasmus leckten. Als sie mit dem Finger um ihre Klit kreiste, musste Emily bald selbst nach Luft schnappen. Fest drückte sie ihre Scham gegen ihre Finger, während sie kam. Als sie die Frauen auf dem Bildschirm sah, die Gesichter bedeckt mit ihren Säften, die Augen in Ekstase geschlossen, seufzte sie erlöst auf.

Als sich ihr Atem wieder beruhigt hatte, fühlte sie sich zwar befriedigt, aber immer noch seltsam angespannt. Sie ließ die Finger zwischen ihre Lippen gleiten und drang mit zwei von ihnen sanft in ihre sehnsüchtige Pussy. Dann fickte sie sich mit den Fingern der einen Hand und rieb mit denen der anderen zugleich über ihre Klit. Immer schneller stieß sie mit ihren Fingern in sich hinein und sah dabei der dunkelhaarigen Bediensteten zu, wie sie ihre Herrin nun mit einem umgeschnallten Dildo fickte.

Während sich in ihr ein weiterer Orgasmus aufbaute und sie zitterte und schnell atmete, hielt Emily die Augen fest auf den Fernseher gerichtet und wollte keinen Moment verpassen.

Erst nachdem sie sich selbst auch noch zu einem dritten Orgasmus gebracht hatte, spürte Emily endlich, wie sich ein vertrautes Gefühl der Erschöpfung in ihrem Körper breitmachte. Während sie sich entspannt zurücklegte, zog sie die Finger aus ihrer Muschi und verspürte den plötzlichen Drang, sie zu schmecken. Testend tippte sie mit der Zunge an ihre Finger, dann nahm sie sie alle gierig in den Mund und saugte an ihnen. Der Geschmack ließ sie aufstöhnen. Sie schloss die Augen und genoss ihren Saft, während der Abspann des Films über den Bildschirm lief.

Sie machte es sich in den Sofakissen gemütlich, obwohl ihr Verstand wollte, dass sie den Fernseher ausschaltete und ins Bett ging. Sie öffnete die Augen gerade lang genug, um die Fernbedienung zu entdecken. Während sie sich ein Shirt über die schweißglänzende Haut zog und sich fragte, was die letzte Stunde zu bedeuten hatte, fielen ihr die Augen trotz aller Anstrengung wieder zu und Schlaf übermannte sie. Morgen war es früh genug, um sich Fragen zu stellen, wie auch immer die Antworten ausfallen würden.

Auf dem Bildschirm flackerten die ersten Szenen des nächsten Films. Zwei Frauen liebten sich in einem Pool, dessen Wasser sie in einer heißen Sommernacht kühlte.

Bräunungsstreifen

Thomas S. Roche

Normalerweise kleidet sie sich nur ein wenig sexy, ein wenig aufreizend, ein wenig provozierend. Doch an den wenigen Tagen, an denen sich die Sonne blicken lässt, das Quecksilber im Thermometer steigt und San Francisco zu einer Sommerstadt wird – ob nun im Juni, September oder Februar –, liegen die Dinge anders. Die nicht zu engen Jeans mit tief geschnittenem Bund werden gegen Shorts eingetauscht, die viel weniger der Fantasie überlassen, und die bequemen bauchfreien T-Shirts verschwinden zugunsten von knappen Tops mit Spaghettiträgern. Und egal, ob ihre nicht zu großen, festen Brüste nun in einem BH stecken oder nicht, drücken sich ihre auffälligen Nippel durch den Stoff und machen mich verrückt.

Ihre Bikinistreifen machen die Sache nur noch schlimmer, denn durch die Adern meiner blonden nordeuropäischen Prinzessin fließt auch eine gehörige Portion italienisches Blut. Nach ein paar Tagen Sonne zeigen sich eine oder zwei blassere Linien auf ihrer golden gebräunten Haut, wo sich ihre Spaghettiträger oder ihr String über dem Bund ihrer Shorts abzeichnen. Oder zu sehen ist, wo ihr Bikinitop gewesen ist, weil sie in der Sonne eingedöst ist mit einem aufgeschlagenen Pornoroman in der Hand. Sie hat mich mal gefragt, ob mich die Streifen stören würden. Ich sagte ihr, sie würden mich so geil machen, dass ich sie ficken will, bis sie schreit.

Irgendwann Mitte Juni saßen wir auf Holzbänken im Innenhof unseres Lieblingscafés unter einem Magnolienbaum und nippten an unserem geeisten Latte Macchiato an einer Ecke des noch nicht von Touristen überlaufenen Golden Gate Park. Während ein paar Early Birds im Sportdress ihr Fitnesswasser neben ihren teuren Bianchi-Fahrrädern tranken, las Vanessa die Sonntagscomics, und ich zeichnete sie in meinem Skizzenbuch mit Spiralbindung. Irgendwie gelang mir das nie so richtig – oder besser gesagt gelang es mir eigentlich ganz gut bis auf die Bräunungsstreifen. Es ist so gut wie unmöglich, Bräunungsstreifen mit dem Bleistift wiederzugeben, und Vanessas waren von einer Beschaffenheit, die einzigartig war. Als ob man Italien auf Norwegen gelegt hätte und der weiße Schnee durch die hügeligen neapolitanischen Felder aufblitzte. An diesem Tag versprach es zum dritten Mal in Folge extrem heiß zu werden, und Vanessas gebräunter Teint begann bereits köstlich zu leuchten. Je mehr es leuchtete, desto mehr wollte sie damit angeben. Vanessas Brüste erschienen mir noch aufreizender als sonst, und ihre Nippel zeichneten sich dunkel unter ihrem engen roten Top ab. Als ich ihr meine Zeichnung zeigte, runzelte sie die Stirn.

»Sind meine Titten wirklich so groß?«, fragte sie.

»Größer«, beteuerte ich. »Oder zumindest sind es deine Nippel. Jedenfalls jetzt gerade.«

Es ist schwer, Vanessa zum Erröten zu bringen, besonders wenn sie ein wenig gebräunt ist. Doch als sie an sich herunterschaute und sah, dass sich ihre Nippel tatsächlich in einer Zehn-Uhr-morgens-Brise aufgerichtet hatten und nun deutlich durch den Stoff ihres Tops zu sehen waren, hätte ich schwören können, dass ihre Bräune noch ein bisschen tiefer wurde.

Aber als sie wieder aufblickte, lächelte sie. Ich spürte, wie sich ihr nackter Fuß an meinem Bein hinaufschlängelte: Sie hatte ihre Sandalen abgestreift. Schnell hatte sie gefunden, was sie suchte, und begann, mich mit ihren Zehen zu kneten und zu streicheln. Zu diesem Zeitpunkt hatte ich bereits einen halben Ständer.

»Wow«, sagte sie beiläufig. »Ich vermute, Kunst ist so aufregend.«

Ich sah zu zwei Radfahrern hinüber, die sich ihre Helme aufsetzten und sich zur Weiterfahrt bereitmachten. Außer ihnen gab es nur uns in dem Innenhof. Die normalen Ausflügler hatten bereits gefrühstückt, für alle, die erst spät in der Nacht aus den Clubs zurückgekehrt waren, war es noch zu früh.

Vanessa ließ die Zeitung sinken und sah mich an, während sie fühlen konnte, wie mein Schwanz nun unter ihrem bloßen Fuß ganz hart wurde.

Gemeinsam beobachteten wir, wie die beiden Radfahrer in dem Café verschwanden und sich die automatische Glastür hinter ihnen schloss.

Die Terrasse war nun leer bis auf uns, und Vanessa sah hinüber zu einem Tisch, der hinter einem Magnolienbaum stand, der niemals zurechtgestutzt worden war. Ich wusste sofort, woran sie dachte. Ich hätte protestieren sollen – hätte es auch getan, doch der Spaghettiträger ihres knappen Tops entschied sich ausgerechnet in diesem Moment dazu, ihr neckisch von der Schulter zu gleiten. Der Anblick ihrer wohlgeformten Schulter mit einem aufreizenden Bräunungsstreifen darauf ließ meinen Schwanz noch härter werden und unter einer Flut von Hormonen dahinschmelzen, was von meinem Hirn noch übrig geblieben sein mochte.

Vanessa zog ihren Fuß aus meinem Schoß und stand auf, um hinter den Magnolienbaum zu schauen.

»Ich glaube, der Tisch dort drüben gefällt mir besser«, sagte sie und ging hinüber. Während sie es tat, sah ich, wie sie sich die Jeans aufknöpfte. Mit jedem Schritt öffnete sie einen weiteren Knopf, sodass darunter ihr schwarzer Baumwollstring zum Vorschein kam. Unmittelbar bevor sie hinter dem Baum verschwand, sah sie zu mir zurück, ihr Gesicht voller Lust, die Lippen leicht geöffnet. Dann zog sie sich Hose und String in einer einzigen langsamen Bewegung über ihre köstlich gerundeten Hüften, und ich sah einen Bikinistreifen, der wie ein Einbahnstraßenschild zwischen ihre glatten Backen zeigte.

Ich warf einen Blick ins Café, um sicherzugehen, dass kein früher Ansturm von Lunchgästen zu erwarten war, und stand dann ebenfalls auf.

Kaum war ich hinter den Magnolienbaum getreten, streckte Vanessa die Hand aus und griff nach mir. Sie saß auf dem Boden, die nackten Füße in einem 45-Grad-Winkel und die Knie noch weiter geöffnet, da sie ihre Shorts und den String bis zum Knöchel heruntergezogen hatte. Ihre glatte Möse lag offen vor mir, und Vanessa legte eifrig Hand an sich selbst. Mit zwei Fingern fickte sie sich, während sie mit dem Daumen über ihre Klitoris rieb. Sie griff durch die kurze Jeanshose nach meinem Schwanz. Dann zog sie mich hinter die Magnolie und öffnete mir den Reißverschluss, ohne sich mit dem Gürtel aufzuhalten. Sie holte meinen Schwanz heraus und schloss ihre Lippen darum. Sie drückte mich fest an ihr Gesicht, sodass ich mich an dem Baum festhalten musste, um nicht das Gleichgewicht zu verlieren. Hungrig glitt ihr Mund vor und zurück über meinen Schwanz, und ihre Hand drückte meinen Schaft an der Wurzel zusammen. Während sie ihre Zunge um meine Schwanzspitze kreisen ließ, sah sie auf, um meinen Blick zu suchen, und ich spürte ein heftiges

Ziehen in meinem Schwanz, als mir augenblicklich bewusst wurde, wie weit sie gehen würde.

Bis zum Ende.

Sie richtete sich auf, und ihr Mund hinterließ eine glänzende Speichelspur von meinem Schwanz bis zu meinem Bauch. Sie zog mich zu sich und küsste mich fest und leidenschaftlich, während ihre schlanken Finger meinen Schaft liebkosten. Nachdem sie sich endgültig von ihrer Shorts befreit hatte, drehte sie sich um und kniete sich mit leicht geöffneten Beinen über das wilde Blumenbett. Ihr wundervoller Hintern und die weiße Linie des Strings zwischen ihren Backen waren wie eine Einladung. Ich fiel auf die Knie und drückte Vanessa ein Stück vor und über die trockenen Zweige. Kraftvoll spreizte ich ihre Schenkel noch weiter, sodass sie sich noch mehr nach vorn lehnen musste und nach Luft schnappte, als die piksenden Zweige über ihre Titten rieben. Ich drückte sie so weit nach vorn, dass ich mit der Zunge ihre Klitoris erreichen konnte, und als ich sie berührte, sah Vanessa aus, als würde sie gleich laut aufschreien müssen. Ich ließ zwei Finger in sie gleiten und drückte mit ihnen gegen die Wände ihrer geschwollenen Muschi, leckte ihre Klitoris und fickte sie mit dem Finger, bis sie am ganzen Körper zitterte. Dieses Mal konnte sie nicht anders, als laut aufzustöhnen, und vergeblich versuchte sie, den Laut unter einem Husten zu verbergen, doch jeder mit einem halbwegs geschulten Ohr hätte hören können, was es war: ein schlecht verborgener, unkontrollierter Aufschrei weiblicher Lust. Vanessa hatte einen Orgasmus.

Ich hielt mich mit der Hand an dem Baumstamm fest, während ich einen Blick hinter mich Richtung Café warf; es war noch immer leer bis auf die gelangweilte, alternativ aussehende junge Frau, die hinter der Theke Sartre las.

Ich widmete meine Aufmerksamkeit erneut Vanessas Hintern. Mein Mund wanderte ihre Spalte entlang, und ich zog ihre Backen auseinander, um mit der Zunge dazwischenzugleiten. Sie schnappte nach Luft. Während meine Zunge die feste Öffnung ihres hinteren Lochs neckte, fickte ich ihre Muschi mit meinen Fingern, und die Nachwehen ihres Orgasmus machten, dass sie sich willenlos in meinen Händen wand. Ich drückte noch kräftiger mit der Zunge in ihren Hintern, und sie fiel am ganzen Körper zitternd auf das Bett aus Blüten. Mein Glied zuckte, noch immer umhüllt von ihrem kühlen Speichel. Ich musste sie ficken.

Ich richtete mich hinter ihr auf und führte meine Schwanzspitze zwischen ihre geschwollenen Schamlippen. Mit einer geschmeidigen Bewegung drang ich in sie ein und ließ meine Hände unter ihr kurzes Tanktop gleiten, schloss die Finger um ihre wundervollen nicht zu großen Brüste und zwickte sie in beide Nippel gleichzeitig, während mein Schwanz das vertraute geschwollene Kissen ihres G-Punkts erreichte. In dem Augenblick, als das geschah, kam sie erneut: Vanessas G-Punkt und ihre Nippel konkurrieren miteinander in Sachen Sensibilität, und wenn meine Liebste einmal gekommen ist, weißt du nicht, wie oft sie es noch tun wird, Orgasmen poppen in ihr hoch wie Maiskörner, bis sie dich anschreit aufzuhören. Aber ich hatte nicht vor aufzuhören, egal, wie laut sie geschrien hätte, und sie schien auch nicht die Absicht zu haben, mich so schnell darum zu bitten. Ich fickte ihre Muschi nun langsam und rhythmisch und reizte ihre Nippel, als sie nach unten griff und begann, ihre Klitoris zu reiben. Ein erneuter Orgasmus pulste durch sie hindurch, wobei sich ihre Muskeln immer wieder fest um meinen Schaft zusammenzogen. Ich wurde schneller und fickte sie härter, ließ jetzt eine ihrer perfekten Brüste los, um in ihr Haar zu greifen und leicht daran zu ziehen. Sie stöhnte leise, als ich auch die andere Hand löste und ihr meine Finger in den Mund schob. Die drückte sich nach hinten gegen mich, und drückte meinen Schwanz noch tiefer in sich hinein, bis es keinen anderen Weg mehr für ihn gab, als wieder hinaus und dann zurück hinein, immer härter mit jedem Stoß.

Als sie zum dritten Mal kam, konnte ich mich nicht länger zurückhalten, und fiel in einen Rhythmus, der auch mich zum Höhepunkt bringen würde. Meine katholische Erziehung ließ mich noch einen Moment innehalten, kurz bevor es so weit war – die Luft war rein. Ich trieb mich in Vanessa und sie bettelte darum, wimmerte und flüsterte, was ein »Ja« hätte sein können.

Als ich schließlich mit aller Macht in ihr kam, blieb ich zu meiner eigenen Überraschung vollkommen still. Vanessa hielt ebenfalls inne und presste die Lippen fest zusammen, als sie meinen Schwanz in sich pulsieren fühlte. Das einzige Geräusch war das nasse Klatschen, als ich dann wieder in sie drang und mich in ihr verströmte. Als ich schließlich nicht mehr konnte, glitt ich aus ihr heraus und schob meine Hand nach unten, damit ich ihre Möse fühlen konnte, die nun nass von meinem Sperma war. Ich beugte mich vor und küsste Vanessa in den Nacken.

»Fuck«, keuchte sie. »Guckt uns irgendwer zu?«

Ich lehnte mich zurück und sah in das Café. Zwei Touristen steuerten auf die Glastür zu. Wir hatten vielleicht fünf Sekunden.

»Frag nicht«, sagte ich und griff nach Vanessas Shorts. Gehorsam schlüpfte sie in sie hinein und zog sie über ihre perfekten Schenkel und über ihren sexy weißen Bikinistreifen auf dem Hintern und knöpfte sie so schnell sie konnte zu. Ich schob meinen Schwanz zurück in meine Hose und zog den

Reißverschluss in der Sekunde hoch, in der das Touristenpärchen den Innenhof betrat. Die beiden taten, als würden sie uns nicht bemerken.

Vanessa und ich kehrten heftig atmend an unseren Tisch zurück. Sie begann, wieder in der Zeitung zu lesen, wobei ihre Hände leicht zitterten, als sie durch den Anzeigenteil blätterte und dann die Dessous-Angebote studierte. Ich setzte mich, schlug eine leere Seite meines Skizzenbuchs auf und begann eine neue Zeichnung von ihr. Diesmal war es ein Motiv aus der Erinnerung: Vanessa beugte sich vor, den Hintern in die Luft gestreckt, und bettelte darum.

Ich sah hoch, und mein Blick wanderte zu dem Magnolienbaum. Erst jetzt bemerkte ich den schwarzen String, der dort lag, feucht und vergessen, und genau im Blickfeld der Touristen am anderen Tisch.

Vanessa rollte ihre Zeitung zusammen und schob sie sich unter den Arm neben ihre halb entblößte Brust, als sie aufstand.

»Es wird Zeit, dass wir gehen«, sagte sie und zwinkerte mir zu. Dann drehte sie mir ihren wundervollen Hintern zu und bewegte sich auf die gläserne Schiebetür zu, ohne noch einen Blick auf den zurückgelassenen String zu werfen.

Ich schloss mein Skizzenbuch und folgte ihr.

Der Ferienjob

Mark Williams

Wenn du bei einem Männermagazin jobbst, kann das Leben ziemlich heiß werden.

Ich war gerade dreiundzwanzig geworden und den Sommer über als Juniortexter und -rechercheur bei einem Magazin gelandet, das ich heimlich in mein Zimmer geschmuggelt hatte, seit ich ein Kind gewesen war. Judy war eine attraktive, langbeinige Frau in den Vierzigern, die in der Herstellung arbeitete. Ich hatte keine Idee, was sie eigentlich genau machte, doch ich wusste, dass sie jeden Tag kurze Röcke trug, und dafür liebte ich sie. Ich wusste nichts über sie, vermutete aber, dass sie ungebunden war, vielleicht ein wenig einsam und deshalb ihre Beine als ihren größten Vorzug zeigte, um ein wenig männliche Aufmerksamkeit zu erhalten. Ich flirtete harmlos mit ihr, wann immer sich die Gelegenheit bot, wobei ich ihr immer Komplimente für ihre Beine, ihr Lächeln und ihre strahlenden Augen machte. Es schien okay für sie zu sein, obwohl ich meine Zweifel hatte, dass sie mich für voll nahm.

Das Magazin plante ein kurzes Feature über Cunnilingus, und zum ersten Mal arbeiten Judy und ich gemeinsam. Ich war Co-Autor des zweiseitigen Textes und überarbeitete ihn, und sie war für das Layout und alles, was die Produktion betraf, zuständig. Ich konnte mein Glück nicht fassen. Ich würde meine erste Autorennennung haben und noch dazu mit Judy zusammenarbeiten.

An einem heißen Nachmittag Anfang Juli arbeiteten wir gemeinsam daran, das Layout fertigzustellen. Fast alle Kollegen hatten das Büro schon früh verlassen und sich in ein verlängertes Wochenende verabschiedet.

»Ich denke, wir sind nahe dran, das Baby in trockenen Tüchern zu haben«, sagte ich zu ihr. »Der Artikel sieht großartig aus, und das ist vor allem dir und deiner harten Arbeit zu verdanken.«

»Danke, David«, entgegnete sie, »aber ohne deine Hilfe hätte ich es nicht geschafft. Du scheinst wirklich eine Menge über das Thema zu wissen.«

Das Blut schoss mir in den Kopf. »Das meiste davon war p... pure Recherche«, stammelte ich.

»Oh, ich dachte, es würde alles auf Erfahrungen aus erster Hand basieren.«

»Es ist eine Kombination ...«

Sie hatte mich aus der Fassung gebracht, was sie ganz offensichtlich genoss. Sie war eine wortgewandte, reife Frau und entschlossen, mich verlegen zu machen. Ich wusste es, und doch stotterte ich herum wie ein liebeskranker Schuljunge.

»Entspann dich, David.« Sie lächelte. »Du flirtest seit deinem ersten Tag hier mit mir, und jetzt ziehe ich dich ein bisschen auf, und du spielst nicht mit.«

»Nun, ich würde mich definitiv gern bei dir revanchieren«, entgegnete ich, und mein Selbstvertrauen kehrte zurück. »Du weißt, nur um sicherzugehen, dass in dem Artikel tatsächlich alles stimmt ...«

Jetzt wurde sie rot, doch nur ganz kurz. Dann wurde ihr Ton plötzlich ernst. »Bitte kommen Sie in mein Büro, junger Mann.«

Das Herz schlug mir bis zum Hals. Würde sie mich nun der sexuellen Belästigung beschuldigen? Ich war bloß irgendeine dumme, junge Aushilfskraft – und ich hatte nichts sagen wollen, was sie beleidigte. Ich ging voraus, und sie warf die Tür hinter uns zu. Die Tür schloss nicht ganz, aber ich glaubte nicht, dass noch irgendwer außer uns in der Nähe war. Sofort fiel mir auf, wie warm es in ihrem Büro war, doch ich sagte nichts.

»Die verdammte Klimaanlage hat den ganzen Tag über verrücktgespielt«, erklärte sie knapp.

»Also, Judy, es tut mir leid, wenn ich mich im Ton vergriffen habe. Ich …«

»Nein, du hattest recht«, sagte sie sanft. »Wenn wir möchten, dass unsere Leser über die Dinge etwas lernen, dann müssen wir ihnen auch alle Fakten liefern. Wie auch immer, dem Artikel täte noch ein wenig Recherche gut.«

»Woran hattest du gedacht?« Ich hoffte, sie würde mir meine Nervosität nicht anmerken.

»Ich denke, du wirst unter meinem Schreibtisch finden, wonach du suchst«, sagte sie verschmitzt. Ich nickte gehorsam und blickte auf die Arbeitsfläche. Unter diesem langen, schmalen Stück Mahagoniholz gab es nicht viel Platz, dennoch kroch ich vorsichtig darunter, gespannt darauf, was Judy mit mir vorhatte. Zu meiner Freude setzte sie sich auf ihren schwarzen Ledersessel und rollte sich in verführerische Nähe. Langsam öffnete sie die Beine, wobei ihr khakifarbener Rock fast bis zu den Hüften hochrutschte. Sie trug keinen Slip.

»Hast du schon etwas gefunden?«, fragte sie mit verführerischer Stimme.

»Ja, Ma'am«, antwortete ich und klang dabei ebenso respektvoll wie reuig. Ich begann, spielerisch an ihren Schenkeln zu lecken. Leider trug sie eine Strumpfhose. Das war typisch für sie, selbst an einem heißen und schwülen Tag war sie formal korrekt. Sie schob sich bis an die Sesselkante vor und schien erfreut, dass ich auf ihr Angebot einging. Ich hörte ein raschelndes Geräusch, als sie in einer der Schreibtischschubladen kramte. Sie reichte mir eine kleine, aber scharfe Schere. »Das Werk braucht noch einige Kürzungen hier und da«, sagte sie und hörte sich dabei an wie eine Journalistin, die über einen Bericht sprach. Auch wenn sie offensichtlich auf etwas ganz anderes anspielte. »Verstehst du?«

»Ja, selbstverständlich.« Vorsichtig begann ich, in den Schritt ihrer Strumpfhose zu schneiden, denn ich wollte sie keinesfalls zwicken. Das Material war leicht zu durchtrennen. Ich fühlte mich schuldig dabei, ihre Strümpfe kaputt zu machen, doch nun hatte ich ungehinderten Zugang für das, was ich – und ich vermute auch sie – wollte. Ich begann, rund um Judys Vulva zu lecken, langsam, zart, Zentimeter für Zentimeter, wie ich meine Leser in dem Artikel anleitete. Es war unglaublich warm und stickig unter dem Schreibtisch, und schnell begann ich fast überall stark zu schwitzen. Aber je unbequemer es wurde, desto entschlossener war ich.

Judy stöhnte hörbar, als ich ein wenig forscher wurde. Ich war unglaublich eingezwängt, sodass mir das Blut in den Kopf schoss und mir fast schwindelig wurde, und doch war ich heiß darauf, ihr zu zeigen, wie gut ich mich auf Frauen verstand, und das in jeder Situation. Mit den Fingern legte ich ihre Klitoris für meine raue, kräftige Zunge frei. Dann plötzlich war da ein Klopfen, gefolgt von dem Geräusch einer sich öffnenden Tür, das uns zurück in die Wirklichkeit brachte. Es war Judys Chef. Natürlich war er noch da, denn er war noch nie früh gegangen und auch noch keinen Tag in seinem Leben krank gewesen. Mr. Corporate America. Ich hasste ihn. Er klopfte mehr aus Höflichkeit, denn er hatte die Angewohnheit, ohne zu warten in die Büros zu stürmen. Ich erstarrte.

»Himmel, ist das hier drin warm. Sie müssen die Hausverwaltung wegen der Klimaanlage anrufen«, belehrte er sie. Als ob er das Offensichtliche loswerden musste.

»Das habe ich schon, Mr. Johnson. Ich vermute, jeder ist schon im Wochenende.«

»Vermutlich. Niemand arbeitet mehr. Wie auch immer, wie läuft es mit der Oralsex-Sache, Judy?«, fragte er und klang dabei unbeabsichtigt komisch. »Wie Sie sicherlich wissen, geht das Magazin Dienstagvormittag in den Druck.«

»Ich kümmere mich gerade um die letzten Feinheiten, Sir«, sagte sie in professionellem Ton. Nun war es an mir, ihr zu zeigen, wo es lang ging. Ich drückte meine Zunge so fest gegen ihre Klitoris, dass sie vor Lust wimmerte. Plötzlich war es mir fast egal, ob man uns ertappte.

Johnson hatte ihr Wimmern entweder nicht mitbekommen oder er ignorierte es. Vermutlich sah er sich gerade ein Foto von sich an, wie er es gerne tat. »Diese Ferienaushilfe – Donald, oder wie war noch sein Name? – hat das geschrieben, nicht wahr?«, fragte er Judy.

»Ja, Sir, das hat er. Sein Name ist David.«

Zum Dank biss ich sie ganz zart. Sie ließ eine Hand unter den Schreibtisch gleiten und versuchte verzweifelt, mein Gesicht von ihrem tropfenden Schatzkästchen wegzuschieben. Ich leckte und saugte an ihren Fingern, bevor ich meine Aufmerksamkeit wieder auf ihre Klitoris richtete. Ich bemerkte, wie sehr sie inzwischen schwitzte, was mich nur noch heißer machte. Als ich hochguckte, sah ich im Achselbereich Schweißflecken auf ihrer blauen Seidenbluse.

Meine ultraperfekte Traumfrau war tatsächlich ins Schwitzen geraten!

Lag es an der Wärme im Büro oder an der Hitze meiner Zunge? Vermutlich war es eine Mischung aus beidem. Ich genoss ihre Nässe – und meine, und mir war fast schwindelig vor Erregung.

»Nichts Weltbewegendes, aber alles in allem nicht schlecht für das erste Mal, was meinen Sie?« Dreckskerl.

»Jeder hat mal klein angefangen, Sir«, antwortete sie sanft. Ihre Stimme klang schwach, obwohl sie unglaublich angespannt war. Ich fuhr fort, sie so ruhig und intensiv zu lecken, wie ich konnte, und genoss ihr Dilemma mehr, als ich es mir hätte vorstellen können. Ich war entschlossen, sie kommen zu lassen, während ihr Chef noch im Raum war, nur wenige Schritte von uns entfernt. Wahrscheinlich dachte er, dass die Wärme im Raum sie so ins Schwitzen brachte. Wie sollte er ahnen, dass so viel mehr dahintersteckte?

»Punkt für Sie, Judy. Jetzt ist es ohnehin zu spät, um noch grundlegende Änderungen vorzunehmen. Nun, bitte legen Sie mir das komplette Layout auf den Schreibtisch, bevor Sie gehen.«

»Ja, Mr. Johnson, es ist fast fertig. Ich muss den Artikel nur noch zwischen ein paar Werbeseiten unterbringen.« Mühsam versuchte sie, gefasst und professionell zu erscheinen. Währenddessen wollte sie unter dem Tisch ihre Schenkel zusammendrücken, während ich spielerisch mit ihr rang, damit sie geöffnet blieben. Ich leckte und streichelte sie und versuchte fieberhaft, sie zum Höhepunkt zu bringen. Schweiß rann mir über das Gesicht und durchnässte mein T-Shirt.

Judy war nun unglaublich feucht, und ich genoss jede Sekunde unseres Treibens.

»In Ordnung, Judy, und schönes Wochenende. Ach, und geben Sie der Hausverwaltung wegen Ihrer Klimaanlage Bescheid. Ihnen scheint ja ganz schön warm zu sein.«

Der Kerl war ein kompletter Idiot, den glücklicherweise nur seine Ausgabe interessierte. Ich vermutete, dass er sogar darin las, während er mit Judy sprach. Dabei blickte er dann über seine Brille hinweg, statt sich Gleitschichtgläser zu besorgen, die er offensichtlich brauchte.

»Werde ich machen. Ihnen auch ein schönes Wochenende, Sir«, keuchte sie. Sie begann, die Kontrolle über sich zu verlieren, und ich hatte sie genau dort, wo ich sie haben wollte. Mein Baumwollhemd fühlte sich an, als wäre ich in ihm geschwommen. Der Stoff klebte mir am Leib. Ich schwitzte auch in meinen Slip, in den mein harter Ständer hoffnungslos eingezwängt war. Meine marineblaue Anzughose klebte mir an den Beinen.

Zum Glück zog Johnson die Tür hinter sich zu, als er ging. Ich hörte, wie das Schloss klickte, dann setzte ich dazu an, meine Beute zu erlegen.

»Du verdammter Idiot«, sagte Judy und seufzte.

»Halt den Mund und komm endlich«, brummte ich, während ich sie weiterleckte, an ihr saugte, knabberte und mit meiner Zunge in sie stieß. Sie gehorchte, fast wie auf Kommando, zitterte, bebte, stöhnte und rutschte auf ihrem Stuhl nach vorn, während sie schließlich zum Höhepunkt kam. Ich blieb so lang ich konnte bei ihr, und als ich spürte, dass sie sich leicht zurückzog, wusste ich, dass sie für meine Berührungen nun zu empfindlich war.

»Du begabter kleiner Hurensohn«, wiederholte sie und hörte sich erschöpft, aber befriedigt an.

»Johnson sagte, es wäre nur eine ›gewöhnliche Arbeit‹«, erinnerte ich sie.

»Nun, mich hat sie zutiefst bewegt.«

»Ich lege nun mal Wert darauf, gewissenhaft bei meiner Recherche zu sein«, entgegnete ich murmelnd.

Kurze Pause. »Jedenfalls sehe ich dich durchaus im Journalismus, so viel steht fest.«

»Und du solltest keine Strumpfhose bei so einer Hitze tragen.«

»Ich werde versuchen, beim nächsten Mal daran zu denken.«

Ich grinste im Stillen, vollauf zufrieden mit mir, und leckte noch ein wenig ihre nylonbedeckten, von Säften und Schweiß feuchten Schenkel. Ich konnte einfach nicht genug von dieser Frau bekommen. Dann küsste ich ihre nasse Muschi noch ein letztes Mal genussvoll. Judy seufzte, doch ohne zurückzuweichen. Als ich zu ihr hochschaute, konnte ich sehen, dass sie verschwitzt und rot im Gesicht war. Ihr Make-up begann zu verlaufen, und ich konnte nicht anders, als ein großes Vergnügen und einen unglaublichen Stolz zu empfinden, weil diese tolle und so viel erfahrenere Frau nun meinetwegen so nass und zerzaust aussah. Wir waren beide schweißgebadet, doch es war uns egal. Ohne Frage hatte ich an diesem Tag eine Menge gelernt, genau, wie es sich für eine gute Nachwuchskraft gehörte.

»Judy, ich glaube nicht, dass diese Arbeit schon ganz fertig ist«, neckte ich sie.

»Dann lass uns ein letztes Mal darübergehen«, sagte sie, »falls es dir recht ist.«

Ich war nur zu glücklich, ihrem Vorschlag zu folgen.

Die Abkühlung

JT Langdon

Joy schleppte sich durch die Küche, wobei sie nichts als ihren roten Lieblingskimono aus Seide trug, und hoffte, dass ein weiteres Glas Eistee sie vor der drückenden Hitze Floridas retten würde. Die hübsche erdbeerblonde Frau, die den Wetterbericht in den Lokalnachrichten präsentierte, hatte Temperaturen von mehr als fünfunddreißig Grad vorhergesagt, doch diese Marke war bereits vor dem Mittag überschritten gewesen, was für den Rest des Tages nichts Gutes verhieß. Spätsommerliche Regengüsse in der Nacht zuvor hatten die Luft schwer und schwül gemacht. Die Feuchtigkeit drückte Joy wie ein Gewicht auf die Brust und ließ sie kaum atmen. Normalerweise flüchtete sie sich an Tagen wie diesen in den nierenförmigen Pool im Garten, aber der Regen und mangelnde Pflege machten dies unmöglich. Sie konnte nichts anderes tun, als abzuwarten und in dem Glutofen, der ihr Haus war, zu leiden, bis der Poolreiniger kam.

Der Job an sich war wahrscheinlich einfach zu erledigen, ging es Joy durch den Kopf, doch sie hasste es, niedere Arbeiten zu verrichten. Seit sie das Geld dafür hatte, zog sie es vor, andere für solche Dinge zu bezahlen. Das erlaubte ihr, sich ihre Energie für andere Vorhaben aufzuheben.

Sie holte sich eine Hand voll Eiswürfel aus der Tiefkühltruhe, ließ sie in das Getränk plumpsen und begann, den zweiten Krug Tee in ihr Glas zu leeren. Die Erleichterung, die darauf folgte, war minimal, aber besser als nichts. Joy schloss die Augen und trank den Eistee in langsamen Schlucken, wobei sie sich vorstellte, in das kühle Wasser des Pools zu gleiten, das sich angenehm kalt auf ihrer nackten Haut anfühlte, zwischen ihren Beinen wie die Berührungen eines Liebhabers prickelte und ihre Spalte liebkoste.

Das rhythmische Klopfen an der Haustür holte sie in die Wirklichkeit zurück. Sie nippte noch einmal an ihrem Tee und schlenderte dann ins Wohnzimmer. Hitze und sexuelle Frustration machten sie nervös und unleidlich. »Ist ja schon gut, bin gleich da.«

Dann hielt Joy mitten in der Bewegung inne. Draußen auf der Terrasse, leicht verdeckt durch die Fliegengittertür, stand die atemberaubendste Frau, die sie seit langer Zeit gesehen hatte – vielleicht überhaupt jemals gesehen hatte. Langes wallendes schwarzes Haar umrahmte ein unschuldig aussehendes Gesicht. Der Teint der Frau hatte einen satten karamellfarbenen Ton, und ein Blick aus einladenden braunen Augen traf auf ihren.

»Ms. Patterson?«

»Ja.« Joy nickte.

»Guten Tag, Ma'am. Ich bin Consuela Ramirez vom Regency Pool Reinigungsservice. Haben Sie um einen Termin gebeten?«

»Das ist richtig«, sagte Joy. Ihr Blick fiel auf das Namensschild auf Brusthöhe der einteiligen braunen Uniform, die die Frau trug. Connie stand dort in hübschen roten Stickbuchstaben geschrieben. Sie bemerkte auch, wie sich die Brüste der anderen Frau unter der Uniform wölbten. »Sie sind früh dran, nicht wahr?«

Connie errötete. »Ja. Ich hätte anrufen sollen. Tut mir leid, falls ich Sie geweckt habe.«

»Das haben Sie nicht«, entgegnete Joy, und erst da wurde ihr bewusst, dass sie nur ihren Morgenmantel trug. Sie zog den Kimono enger um ihren Körper und zeigte dann auf den Steinweg, der hinter das Haus führte. »Zum Gartentor geht es gleich da durch.«

»Danke«, sagte Connie.

Joy lehnte sich gegen den Türrahmen und sah zu, wie Connie zum Firmenvan zurückkehrte, der vor dem Grundstück parkte, und damit begann, Reinigungswerkzeug für den Pool auszuladen. Die Frau war vermutlich nicht älter als fünfundzwanzig, kräftig, gesund aussehend und so viel mehr als die spindeldürren falschen Blondinen, die sie sich gelegentlich gönnte, wenn sie es in langen Sommernächten nicht ertragen konnte, allein zu sein. Nein ... die hier ... die hier war mehr, viel mehr.

Sie nahm ihren Eistee mit auf die Terrasse hinter dem Haus, wo sie sich in den Schatten eines Sichtschutzes setzte, gerade rechtzeitig, um zu beobachten, wie Connie das Zubehör aus dem Van auf diese Seite des Hauses trug. Die dunkelhaarige Schönheit bewegte sich so sicher wie jemand, der den Job bereits unzählige Male gemacht hatte und wusste, was er tat. Nicht eine einzige Bewegung war überflüssig. Es war wie ein eleganter, perfekt choreografierter Tanz, und Joy war wie verzaubert von ihm und von der Frau, die ihn voller Stolz vorführte.

Die Kombination aus der Hitze des Sommers und der Hitze, die Connies Anblick in ihr hervorrief, machte Joy noch durstiger, als sie es zuvor schon gewesen war. Sie trank den Rest ihres Eistees und ging in die Küche, um einen neuen Krug zuzubereiten und sich erneut einzuschenken. Dann nahm sie ein weiteres Glas aus dem Regal und füllte es für die Frau draußen im Garten mit Eistee. Als sie wieder zum Pool zurückkehrte, war Connie fast mit der Arbeit fertig.

»Ich dachte mir, dass Sie vielleicht durstig sind«, sagte Joy.

Connie nahm das Glas mit dem Tee und lächelte. »Danke, das ist sehr nett«, sagte sie und trank einen großen Schluck. Joy beobachtete, wie die Lippen der Frau gegen den Rand des Glases drückten, während sie von ihrem eigenen Glas trank und ihre Hände nur mit Mühe davon abhalten konnte zu zittern.

»Ah«, seufzte Connie.

»Gut?«

»Mm-hm. Dieses Wetter ist furchtbar. Ein Tag wie dieser … da will ich einfach nur mit einem kalten Bier im Schatten sitzen.«

»Ich habe welches, wenn Sie das lieber mögen«, sagte Joy.

»Oh nein. Der Tee ist prima.«

Joy lächelte schief. »An Tagen wie diesen will ich einfach nur am Pool sitzen, eine Runde schwimmen, noch etwas länger sitzen bleiben … Sie wissen schon.«

»Himmel, ja«, sagte Connie. »Das ist eine fantastische Art, mit der Hitze umzugehen.«

»Sie sehen aus, als könnte Ihnen eine Abkühlung im Pool gefallen«, sagte Joy.

»Hört sich gut an«, musste Connie zugeben.

»Bitte … seien Sie mein Gast.«

Connie sah sie direkt an und hielt ihren Blick für einen Moment fest. »Ich habe keinen Badeanzug dabei.«

»Sie brauchen keinen«, sagte Joy ruhig und ohne ihre Augen abzuwenden. »Der Garten ist nicht einzusehen. Also wird niemand Sie beobachten können.«

»Nur Sie.«

»Nur ich.«

Connie lachte. »Wollen Sie mich wirklich nackt sehen?«

»Sehr sogar«, flüsterte Joy. Sie blickten sich tief in die Augen, und keine von ihnen schien die Magie des Augenblicks zerstören zu wollen. Eine leichte Brise trug den Geruch von frisch geschnittenem Gras aus dem Nachbargarten herüber. Vögel zwitscherten über ihren Köpfen. Dann schien Connie eine Entscheidung getroffen zu haben.

Joy wartete, bis Connie den Rest ihres Eistees ausgetrunken hatte, und nahm das Glas, das diese ihr reichte. Ihr Magen schlug Purzelbäume, als Connie einen Schritt zurück machte, für einen kurzen Moment zu schwanken schien und sich dann die schmutzigen Sneakers von den Füßen kickte. Ihre Blicke trafen sich wieder, und Joy sah atemlos zu, wie Connie langsam den Reißverschluss ihrer einteiligen braunen Uniform öffnete, diese zu Boden gleiten ließ und ihren muskulösen Körper entblößte. Ermutigt durch die Art, wie Joy nach Luft schnappte, lächelte Connie schüchtern und öffnete ihren einfachen weißen BH am Rücken, der gleich darauf neben der Uniform am Pool lag. Joy leckte sich hungrig über die Lippen, während sie einen Blick auf Connies schwere Brüste warf – weiche Hügel, von dunklen Ringen gekrönt, in deren Mitte kleine Nippel, rund wie Murmeln, saßen. Sie nickte wohlwollend, und ihr Blick wanderte hinunter über Connies Bauch und hielt erst an dem feuchten blauen Höschen inne, das Connie nun mit nervösen Fingern langsam über ihre wunderbar gerundeten Hüften rollte. Joy seufzte leise auf, als sie auf den dunklen Busch schaute, der Connies Muschi bedeckte. Die Frau war einfach wundervoll, anziehend und einnehmend. Ihre eigene Muschi zuckte aufgeregt beim Anblick der nackten Frau vor ihr – und Joy wollte nichts mehr, als ihren Mund auf diesen Körper zu drücken und mit den Händen über die Brüste zu gleiten. Das schiefe Lächeln, das Connie ihr schenkte, verriet ihr, dass dazu durchaus die Chance bestand.

Connie drehte sich weg von ihr, und Joy bewunderte den Schwung ihres Hinterns, als Connie die Temperatur des Poolwassers mit dem Fuß testete, bevor sie hineintauchte. Joy nahm auf dem Liegestuhl aus Holz Platz, auf dem sie sich sonst sonnte, nahm die Brille ab, legte sie unter die Liege und drehte sich dann auf die Seite, um Connie dabei zuzusehen, wie sie den Pool durchquerte. Die Frau war im Wasser noch graziöser als sonst, bewegte sich träge vor und zurück und gab ihr dabei vielfältige Möglichkeiten, ihren Rücken zu betrachten … und diese Beine. Die Rundung einer Brust durchbrach langsam durch die Oberfläche des Wassers, als sich Connie auf den Rücken drehte und Joy einen kurzen Blick auf die Möse der anderen Frau werfen konnte. Sie war rosa und reif, um gepflückt zu werden.

Joy stöhnte leise. Zwischen ihren Beinen loderte das Verlangen wie ein außer Kontrolle geratener Flächenbrand. Die tropische Hitze machte sie verrückt vor Lust, und alles an dieser Frau, die dort in ihrem Pool herumschwamm, stachelte dieses Begehren nur noch weiter an. Ihre Hand wanderte hinunter zu ihrem Bauch und weiter bis zu ihrem Schamhügel, der feucht vor Verlangen war. Sie zwirbelte das raue Haar um ihren Finger und zog sanft daran.

Connie drehte sich zurück auf den Bauch, schwamm zum Beckenrand und legte die Arme darauf, wobei sie sie überkreuzte. »Wollen Sie nicht reinkommen?«

»Ich habe die Aussicht genossen«, entgegnete Joy.

Connie lächelte verlegen. »Das Wasser ist toll … fühlt sich großartig an.«

Langsam erhob sich Joy von der Liege, öffnete den Gürtel

ihres Kimonos und ließ ihn zur Seite fallen, während sie auf den Pool zukam. Sie sah das Verlangen in Connies Augen aufblitzen und lächelte. Sie genoss das Gefühl, wie diese appetitliche junge Frau ihren dreiundvierzigjährigen Körper betrachtete, als sie die Betonstufen hinunter ins Wasser stieg.

Sie warf Connie ein verschmitztes Lächeln zu, dann tauchte Joy unter die Oberfläche und schwamm das kurze Stück zu dieser wundervollen Frau hinüber. Spritzend kam sie aus dem Wasser und schnappte nach Luft, weil sie so nahe vor Connie stand, dass sich ihre Brüste beinahe berührten. Connies nasser nackter Körper sorgte dafür, dass ihr ein köstlicher Schauer über den Rücken lief. Joy genoss das Gefühl ausgiebig, während sie der anderen Frau tief in die Augen blickte und den Hunger in ihnen sah. Sie hob eine Hand aus dem Wasser und ließ sie erst über Connies Bauch gleiten, dann höher wandern und legte sie schließlich auf ihre Brust, wog das Gewicht in ihrer Hand und strich mit dem Daumen über den Nippel. Die Haut der anderen Frau war weich, warm und einfach himmlisch. Connie stöhnte leise unter der Berührung, und ihr Blick glänzte vor Verlangen, als Joy ihre Nippel massierte, bis sie hart aufgerichtet waren.

»Du hast recht«, sagte Joy. »Das fühlt sich großartig an.«

»Mm-hmm«, murmelte Connie.

Joy beugte sich vor, küsste den üppigen Mund und drückte Connie gegen die Wand des Pools. Dann glitt Connies Zunge über ihre Lippen, heiß und nass. Joy begehrte die andere Frau so sehr, dass sie spürte, wie die Beine unter ihr nachgaben. Der Kuss wurde intensiver, ihre Münder waren weit geöffnet, es gab keine Zurückhaltung. Sie spürte Hände auf ihren Hüften, die es eilig hatten, sie an den anderen Körper heranzuziehen, bis sich beide aneinander schmiegten. Die Berührung der anderen Frau setzte ihre Haut in Flammen, ließ sie schwindeln ... fast verrückt werden. Sie beugte sich nach vorn, nahm einen von Connies Nippeln zwischen die Lippen und saugte sanft daran. Die Haut schmeckte süß und salzig zugleich, mit einer Spur Chlor und unglaublich köstlich. Joy schnellte mit der Zunge über die Knospe, neckte sie und drückte das geschmeidige Fleisch der Brust zwischen ihren Fingern, während sie das tat.

Connie stöhnte in köstlicher Qual und rieb sich wild an ihr, während sich Joy erst ihrer einen Brust, dann der anderen widmete, wobei sie ihren Mund und ihre Hände gebrauchte, um sicherzugehen, dass jede von ihnen die Aufmerksamkeit erhielt, die sie verdiente.

Die junge Frau schlang die Schenkel um sie und drängte auf der Suche nach Erlösung immer wieder gegen sie. Joy ließ eine Hand unter Connies Bein gleiten und hob es leicht an, dann schob sie Connie gegen die Poolwand und drückte ihr das Knie fest in die Möse. Connie erwiderte den Druck und ritt sie. Das Wasser um sie herum spritzte, als ihre Körper in entfesselter Leidenschaft immer wieder gegeneinanderstießen.

»Ja ... ja«, stammelte Connie. »O Gott ... *chíngame* ... *chíngame* ...«

Joy schob eine Hand unter Wasser und legte sie auf den Schoß der anderen Frau, drückte das warme, seidige Fleisch. Ihre junge Geliebte stöhnte leise in ihr Ohr, hing an ihr und hatte nun ein Bein um ihre Taille gelegt. Ihre Lippen trafen sich erneut, und Joy musste trotz des wilden Kusses bei dem Gedanken daran lachen, wie sie da mit einer Hand voll Möse stand und Connie aufgeregt gegen sie drängte. Mit zwei flachen Fingern rieb sie über die Spalte der anderen Frau und zeichnete kleine Kreise, ohne in sie einzudringen. Zuerst war die Berührung sanft ... dann begann sie, kräftiger zu reiben, und drückte fest gegen die geschwollenen Schamlippen, bis sich Connie ihr entgegenbäumte und um mehr bettelte … darum bettelte, dass sie in die Tiefen ihrer sehnsüchtigen Möse tauchte. Sie reizte die junge Frau noch einen Moment länger, dann stieß sie ihre Finger in Connies Muschi. Die samtigen Wände schlossen sich um sie, zogen sie tiefer, als sie mit den Fingern immer wieder in den nassen Tunnel stieß. Joy schenkte ihrer Geliebten eine ganze Reihe langer, tiefer Stöße, wobei sie geschmeidig und rhythmisch in die feuchte Möse glitt, dann zog sie das Tempo an … bewegte sich schneller … und schneller … gebrauchte nun drei Finger … wie ein kraftvoller Kolben. Connie drängte sich gegen sie und murmelte unverständliche Worte, während ihre Hand das Wasser zum Schäumen brachte. Dann spürte sie, wie sich Connies Körper anspannte, spürte die Enge um ihre Finger. Ihre Geliebte schrie auf, warf den Kopf zurück. Ihre Lider bebten, sie zitterte am ganzen Körper und hatte jede Kontrolle über sich verloren. Joy zog die Frau an sich heran, wobei sie die Finger noch immer in ihr bewegte, wenn auch langsamer. Sie hob die freie Hand und legte sich um Connies Hinterkopf, und noch einmal zog sie ihren Mund zu sich, küsste die Frau leidenschaftlich … verlor sich in der Süße dieser Lippen.

Es war Connie, die dafür sorgte, dass sie sich drehten, und ohne dass sie den Kuss unterbrachen, wurde nun Joy gegen die Wand des Pools gedrückt. Sie ließ ihre Hand über den Hintern der anderen Frau wandern, griff nach den festen Backen und drückte sie. Ihre junge Geliebte stöhnte in den Kuss hinein, dann wurde ihr Stöhnen heiser, als sie Connies hintere Öffnung fand und mit der Fingerspitze an ihr spielte.

Joy spürte, wie sie hochgehoben wurde, und rutschte dann ein Stück zurück, um sicher auf dem Poolrand zu sitzen. Ihre Beine baumelten im Wasser. Ihre dunkelhaarige Geliebte öffnete ihre Schenkel und schob sich eilig dazwischen, um ihr einen fordernden, hungrigen Kuss auf den Mund zu schenken, der sie nach Luft schnappen ließ. Joy hielt den Kopf der anderen Frau zärtlich in den Händen und seufzte leise, als Connies Lippen langsam zu ihren Brüsten hinunterwanderten, um an einem aufgerichteten Nippel zu saugen. Die Sanftheit, mit der die anderen Frau sie berührte, steigerte ihr Verlangen nach mehr. Leise schrie sie auf und strich mit ihren Fingern durch die dunkle Mähne und schob die Strähnen zurück, um dem gierigen Mund ihrer Liebhaberin noch näher zu sein. Connie streichelte Joys Brüste mit ihrer geschickten Zunge und ließ die schon steifen Nippel so hart werden, dass es schmerzte. Sie leckte, saugte und knabberte spielerisch an ihnen ... nahm erst den einen, dann den anderen in den Mund, bis sich Joy ruhelos auf dem Poolrand wand.

Dann zog sich Connie ein kleines Stück zurück, um sie anzusehen, und als diese wundervollen braunen Augen auf Joys trafen, schien die Zeit stillzustehen. Die beiden sahen einander an und vergaßen die Welt um sich herum. In diesem Moment gab es nichts anderes mehr als ihre nackten Körper und ihren Hunger aufeinander. Joy streckte die Hand aus und schob Connie sanft eine Locke hinter das Ohr.

»Du bist wunderschön«, wisperte Joy.

Connie griff nach ihrer Hand und hob sie an ihre süßen Lippen, wo sie leicht jede einzelne Fingerspitze küsste. »Jetzt lass mich dich haben.«

»Ja.« Joy seufzte. »Ja ...« Sie lehnte sich zurück, stützte sich mit den Handflächen ab. Die Sonne, die vom Himmel brannte, fühlte sich gut auf ihrem Gesicht an, und sie schloss die Lider und genoss die Wärme des Augenblicks.

Dann spürte sie Connies Mund, wie er ihre Möse leckte

und wie ihre heiße Zunge wild über ihre Spalte strich. Sie hob die Hüften, um Connie entgegenzukommen, als diese voller Leidenschaft ihre Muschi leckte. Ihre dunkelhaarige Geliebte war unglaublich, strich immer wieder hungrig über ihre saftigen rosafarbenen Lippen und brachte sie schnell an den Rand des Höhepunkts. Dort hielt Connie sie für einen Augenblick in der Schwebe, bis sie es nicht länger zu ertragen glaubte. Dann machte sie weiter. Endlich. Joy wollte schreien. Als sie die weichen Lippen an ihrer Klitoris spürte und wie sie die harte kleine Perle küssten, an ihr saugten, und wie Connie mit der Zunge wild über sie strich. Da entlud sich die Spannung wie bei einer Spiralfeder, nachdem sie zusammengedrückt worden war, und Joys Hintern hob sich vom Poolrand, als der Orgasmus durch sie hindurch pulste. Die Explosion ließ weiße Blitze vor ihren Augen zucken, und ihr war schwindelig. Nachdem das letzte Beben vorüber war, holte sie Luft und sog sie tief in ihre Lungen. Das Herz schlug ihr wie wild in der Brust. Das Gefühl war unglaublich.

Schließlich öffnete Joy die Augen und sah, wie Connie auf die Stufen am Ende des Pool zuwatete. Sie versuchte, ihren Atem zu beruhigen, während Connie aus dem Wasser stieg und hinüber zur Sonnenliege ging. Der Hüftschwung der anderen Frau verzauberte sie, genauso wie die Form ihres göttlichen Hinterteils.

Ihre Gespielin ließ sich mit einem Seufzer auf die Liege fallen, um sich von der heißen Nachmittagssonne trocknen zu lassen. Joy ließ eine Minute verstreichen, in der sie sich sammelte, dann ging sie hinüber, setzte sich ans Fußende der Liege und fuhr mit einem Finger an Connies Bein hinauf.

»Mmmm«, schnurrte Connie.

Joy machte mit den Lippen dort weiter, wo ihr Finger geendet hatte, und küsste sanft Connies Schenkel. Einladend öffnete die andere Frau ihre Beine, und sie spreizte sie noch weiter, bis sie die Füße zu beiden Seiten der Liege auf den Boden gesetzt hatte und Joy viel Platz ließ. Joy leckte über die weiche Haut von Connies Innenschenkeln, und ihre Liebhaberin seufzte. Ihr Seufzen ging in ein Stöhnen über, als Joys Küsse sich der verzehrenden Hitze ihrer Möse näherte. Der schwere Duft von Connies Lust lag in der Luft, und Joy atmete ihn tief ein und wollte ihn mit jeder Faser ihres Körpers aufnehmen. Sie öffnete Connies Schamlippen mit den Fingern und betrachtete ihre Spalte eingehend, heiß und nass, sehnsüchtig pulsierend und ... einfach unglaublich schön.

Joy ließ den Kopf zwischen Connies Beine sinken und verlor sich im salzigen Aroma ihrer Möse. Sie ließ ihre Zunge über die rot geschwollenen Lippen kreisen und gelangte schließlich zu Connies Klitoris und deren harter Perle. Sie umkreiste den kleinen Hügel mit der Zunge, spielte mit ihm, fuhr wild über ihn und spürte, wie der Puls der anderen Frau schneller wurde. Connie stöhnte und rekelte sich auf der Liege und hielt sich Halt suchend an den Armlehnen fest, als Joy an ihrer kleinen Perle saugte, immer fester, bis sie noch einmal kam ... heftig und schnell. Joy trank jeden Tropfen ihres Honigs, leckte ihn von Connies Öffnung ... von ihren Schenkeln ... ließ nicht zu, dass irgendetwas davon verloren ging. Zufrieden, dass sie alles erwischt hatte, ließ Joy schließlich den Kopf auf Connies Bauch sinken.

»Ich will dich wiedersehen«, flüsterte Joy.

»Das wäre schön.«

»Wann?«

»Ich könnte nach der Arbeit vorbeischauen.«

Joy küsste Connies Bauch und lächelte. »Ja, mach das. Aber nicht zu früh. Vorher kommt noch jemand vorbei, um die Klimaanlage zu reparieren.«

Was ich in den Ferien gemacht habe

Maxim Jakubowski

Sie war nur eine weitere Frau, die ich irgendwo getroffen hatte, als ich nach Kay in jedem Paar haselnussbrauner Augen und in jeder vorübereilenden Silhouette eines weiblichen Körpers gesucht hatte – auf der Straße, in Zügen, in Bars. Manchmal entdeckte ich irgendetwas von ihr in einer anderen wieder. Es konnte eine Haarlocke über einer blassen Stirn sein, der Schwung einer Lippe, die Wölbung einer kleinen Brust unter dünnem Stoff oder das leichte Erröten einer Wange, wenn ich den Blickkontakt nur einen Moment zu lange aufrechterhielt, um noch unschuldig zu sein. Doch immer war der Moment vergänglich und nicht zu greifen und lediglich eine Illusion und kein Ersatz für Kay. Niemals passte es so recht. Aber manchmal kam es dennoch zu einer Verbindung, und das nutzte ich dann gnadenlos aus. Man weiß nie, wohin einen die Dinge führen können, und mir war nur zu bewusst, dass das, was gewesen war, so verdammt speziell war, dass ich verrückter sein müsste, als ich es ohnehin schon war, um noch einmal auf jemanden wie sie zu hoffen. Eine Möse ist eine Möse, und ein Mann ist immer noch ein Mann, und die Anziehungskraft zarter Haut war etwas, dem ich nicht widerstehen konnte.

Luba hatte ein fünfjähriges Kind, einen kleinen Jungen, und lebte mit seinem Vater zusammen – ihrem Freund, mit dem sie inzwischen weder Liebe noch Lust verband. Also stahlen wir uns die Zeit von unseren anderen Leben, wann immer es möglich war, erfanden glaubwürdige Alibis für unsere Verspätungen und unsere Abwesenheit. Ich habe das untrügliche Gefühl, dass unsere jeweiligen Partner ahnten, was los war, und es irgendwie tolerierten, weil sie bereits wussten, dass es sich um die Art von Affäre handelte, die nirgendwohin führte, und es am besten war, nicht unnötig in der Sache herumzustochern, um nicht doch noch ein ganzes Schlangennest aufzuschrecken. Das hätte das Leben von allen Beteiligten nur komplizierter gemacht und vermutlich so verändert, dass danach nichts mehr gewesen wäre wie zuvor.

Luba und ich hatten Spaß an regelmäßigen heißen Nächten und genossen gelegentlich auch den Sex in einfachen Hotelzimmern, die dafür gedacht waren, aber eigentlich sehnten wir uns nach mehr, und so hatten wir beschlossen, dass wir mehr Zeit miteinander verbringen wollten. Ein paar Tage zu zweit. Irgendwo anders. Obwohl wir diesen Entschluss gemeinsam gefasst hatten, war ich erstaunlich nervös, wenn auch angenehm aufgeregt bei dem Gedanken an diese Zeit und die Aussicht auf ihren ausgestreckten Körper auf einem Bett, ihren verlockenden Mund, der sich lüstern öffnete, die dunklen Falten ihrer Spalte und wie sie sich bewegten. Vielleicht lag es daran, dass wir abgesehen vom Ficken einander nicht wirklich viel zu sagen hatten. Wir kamen aus unterschiedlichen Richtungen – geografisch ebenso wie sozial, und abgesehen vom obligatorischen Erzählen unserer Lebensgeschichten und Storys über frühere Lieben gab es keine nennenswerte Kommunikation zwischen uns.

Ich hasste ihren Musikgeschmack, und sie fand meine sich wiederholenden Kommentare über Reisen, Bücher und Filme zweifellos langweilig. Zu Beginn hatte ich sie gewarnt, dass ich ein eher schweigsamer Zeitgenosse bin, doch das schien sie nicht zu stören. Wir trieben es wie die Karnickel oder alle vergleichbaren Tiere. Ich liebte den Ausdruck in ihren Augen und wie sie mich ansah, wenn ich mich tief in sie trieb und Wellen der Lust durch sie strömten. Sie mochte es, dass ich fantasievoll war, auch wenn ich manchmal etwas ungewöhnliche Vorstellungen hatte und ich sie regelmäßig auf andere Weise nahm als nur in der Missionarsstellung oder von hinten. Ich mochte es, sie zu erregen und kommen zu lassen, lange bevor ich überhaupt versuchte, in sie einzudringen. Sie kam leicht zum Höhepunkt, und ihre Klitoris reagierte sofort auf die zarte oder auch rauere Berührung durch meine Zunge, meine Lippen oder Finger, ohne dass jedoch ihre dunklen, weichen Nippel auf die meisten Formen der Stimulation reagierten. Nun, man kann nicht alles haben.

Die Zuneigung, die uns verband, war reine Freundschaft und Komplizenschaft, doch wir wussten beide, dass sie nicht tief aus dem Herzen kam. Und wir wollten mehr reinen, puren Sex.

Unter dem Vorwand einer Lesereise, mit der mich mein französischer Verleger angeblich ganz plötzlich überfallen hatte, schaffte ich es, mir vier Tage freizuschaufeln. Luba erzählte ihrem Mann, dass sie eine Freundin besuchen wolle, die inzwischen in Paris lebte. Das würden unsere Ferien sein. Ich hatte nicht vor, diese Zeit tatsächlich in einer großen, geschäftigen Stadt zu verbringen – das hatten wir bereits an einem Wochenende ein Jahr zuvor gemacht, als wir unsere Zeit mit fiebrigem Ficken, Shopping, langen Spaziergängen und Restaurantbesuchen gefüllt hatten, um jede echte Konversation zu vermeiden. Wir wollten an die Küste, auch wenn es dazu Ende September eigentlich nicht die richtige Jahreszeit war, doch es würde hoffentlich immer noch mild genug für Spaziergänge am Strand sein. Ich wollte Ebbe und Flut betrachten und sehen, wie sich die Wellen am Strand brachen, ohne es ganz auf den Sand zu schaffen, immer wieder, wie Sisyphos, der den Felsblock jedes Mal aufs Neue den verdammten Berg hochwälzt. Ein Anblick, den ich schon immer als hypnotisch und zutiefst friedvoll empfunden hatte. Wir trafen uns am Flughafen Orly im Süden von Paris, und nachdem wir die Terminals gewechselt hatten und dabei durch endlose Korridore und über ebensolche Laufbänder gegangen waren, bestiegen wir ein kleineres Flugzeug nach Montpellier. Die Sonne schien, als wir am Nachmittag dort eintrafen. Ich kümmerte mich um einen Mietwagen, und schnell waren wir unterwegs, brausten über gewundene Straßen, zwischen Weinbergen und Hügeln hindurch Richtung Sète. Dort hatte ich uns ins Grand Hotel eingebucht, wo ich einige Jahre zuvor eine kurze Nacht nach einem Literaturfestival in der Nähe verbracht hatte.

»Es ist so schön hier«, kommentierte Luba, als wir durch die Täler des Languedoc zu unserem Zielort fuhren.

»Das ist es«, stimmte ich zu. »Warte, bis du das Hotel siehst. Ich bin sicher, es wird dir gefallen. Es ist ungewöhnlich. Es hat einen unglaublichen Innenhof mit Glasdach und hübsche Zimmer.«

»Nett«, sagte sie.

»Und die meisten Zimmer gehen auf den Kanal hinaus. Fast wie in Venedig, aber ohne den Gestank«, fügte ich hinzu.

»Ich war noch nie in Venedig«, bemerkte Luba. »Wirst du es mir eines Tages zeigen, Conrad?«, fragte sie.

»Das werde ich«, sagte ich. Log ich. Ich hatte ihr auch schon New York versprochen, Seattle und New Orleans. Auf ein weiteres Versprechen kam es da nicht an. Luba wusste genauso gut wie ich, dass wir diese Reisen nicht machen und sich unsere Wege trennen würden, wenn wir irgendwann anderen Liebhabern begegneten, die mehr befriedigten als nur unser körperliches Verlangen.

»Fantastisch«, sagte sie.

Das Zimmer, das man uns gab, war perfekt. Es war in Marineblau gehalten, mit Muschelmotiven auf den getünchten Wänden. Vor dem Fenster befand sich ein schmaler Balkon, gerade groß genug für zwei. Der Blick ging hinaus auf einen Kanal, an dessen Ufern sich zu beiden Seiten kleine Vergnügungsboote drängten, auf einen alten Glockenturm und eine Reihe von Brücken, soweit das Auge reichte. Luba ließ ihre Sachen auf den Boden fallen und lief zum Fenster, um Luft in das stickige Zimmer zu lassen, und hatte sich schon in den Ort verliebt.

»Es ist so ... wunderschön hier.« Sie beugte sich über die Metallbrüstung des Balkons, um nach unten auf die Straße und das Wasser zu gucken, und ihr ohnehin kurzer Rock schob sich dabei nach oben und offenbarte die untere Rundung ihres großartigen Hinters und ein Stück ihres winzigen Strings.

»Nicht wahr?«, stimmt ich zu. »Und in gerade mal zwanzig Minuten ist man an einigen großartigen Stränden.«

»Wo man nackt baden kann?«, fragte sie und bezog sich dabei auf ein Gespräch, das wir ungefähr eine Woche zuvor gehabt hatten.

»Ja«, sagte ich. »Mit jeder Menge Platz und Privatsphäre. Aber um diese Zeit im Jahr werden ohnehin nicht viele Touristen und Urlauber unterwegs sein.« Ich hatte die Gegend auf Google unter die Lupe genommen. Ungewöhnlicher Sex setzt genaueste Planung voraus.

»Wow«, rief Luba und genoss diesen unerwarteten Urlaub bereits in vollen Zügen. »Wir könnten so tun, als wären wir ein richtiges Paar ...« Dann lehnte sie sich noch ein Stückchen weiter vor, während sie ihr Gewicht von einem Fuß auf den anderen verlagerte. Der winzige Streifen ihres Strings fraß ich in ihre Poritze und weckte meine Lust mit jeder leichten Bewegung ihres aufgeregten Körpers. Ich kam ebenfalls auf den Balkon und berührte ihre Schultern. Sie zitterte, als ich sanft in ihren Nacken blies. Der blaugrüne Kanal bot ein Bild des Friedens, seine Oberfläche war glatt und makellos. Ich legte die Hand auf Lubas nackte Pobacken.

»Es gibt aber auch eine schöne Aussicht hinter dir«, bemerkte ich.

»Oh«, sagte sie, als wäre sie sich des reizvollen Anblicks, den sie mir bot, nicht bewusst gewesen.

»Beweg dich nicht«, befahl ich und gab ihr einen leichten Klaps auf die rechte Pobacke.

»Hmmm ...«, seufzte Luba.

»Kein Wort«, fuhr ich fort, schob ihr den schwarzen Rock hoch bis zur Hüfte und riss ihr den dünnen String vom Körper.

»Du ...«

»Ruhe«, insistierte ich. »Ich kaufe dir einen neuen.«

Ich schob meine Hand zwischen ihre Schenkel und zwang sie so, die Beine zu öffnen. Wie ich vermutet hatte, war sie bereits ziemlich nass. Ich kam etwas näher und drückte ihren Körper gegen die Metallbrüstung. Ich war schon fast hart, und so öffnete ich mit der anderen Hand meine schwarze Jeans.

»Beug dich vor«, wies ich Luba an.

»Hier?«, protestierte sie schwach.

»Hier und jetzt«, bestätigte ich.

Ich ruckelte mit den Hüften, sodass meine Jeans zu Boden glitt, und bereitete Luba mit zwei Fingern vor. Sie stöhnte sanft. Ich sah, wie auf der anderen Seite des Kanals ein Mann mittleren Alters saß und angelte, eine Butterbrotdose und eine Flasche Mineralwasser standen links und rechts von ihm auf dem Steinrand des Kanals. Er hatte uns entdeckt und starrte zu uns hinüber, wobei er versuchte, mehr und besser zu sehen.

»Sieh«, sagte ich zu Luba, »der Mann da. Er sieht uns zu.«

Ein verrückter Gedanke kam mir in den Sinn.

»Zieh dir das T-Shirt hoch«, sagte ich zu ihr. Sie gehorchte. Ich kannte sie gut genug, um zu wissen, dass sie das erregen würde. Ich öffnete den Reißverschluss ihres Rocks, und er fiel zu Boden. Der Mann am Kanal konnte nun alles von uns sehen. Und dann stieß ich mich kraftvoll in sie hinein. Während ich Luba auf dem Balkon fickte, fragte ich mich, was der Mann denken mochte. Wie viel er wohl tatsächlich erkennen konnte? Von dort, wo wir standen, waren seine Umrisse unklar zu sehen: Doch auch mit Brille ist meine Sehkraft weit davon entfernt, perfekt zu sein. Sah Luba zu ihm hinüber, während ich sie bestieg, oder hielt sie die Augen geschlossen? Hatte er eine Erektion? Luba erbebte unter meinem Überfall.

Vermutlich waren es die Umstände, dass wir beide schnell kamen. Währenddessen hatte der Mann uns nicht aus den Augen gelassen. Als ich schlaff wurde, glitt ich aus ihrer tropfenden Möse. Ich wollte zurück ins Zimmer gehen, doch Luba hielt mich zurück.

»Warte«, sagte sie, rutschte zur Seite und ging auf die Knie. Dann nahm sie meinen feuchten, weichen Schwanz in den Mund. »Ich mach dich sauber.« Ich wusste, dass sie es für unseren Zuschauer tat. Trotzdem wurde ich fast auf der Stelle wieder hart unter den langsamen Bewegungen ihrer Zunge, während sie unsere Säfte von meinem Schwanz leckte.

»Wir schmecken gut«, sagte sie.

»Zeit, um was Richtiges zu essen.« Wir gingen zurück ins Zimmer, wo wir uns wuschen und umzogen. Ein Stück weiter den Kanal entlang Richtung Hafen gab es Fischrestaurants im Überfluss, und ich war entschlossen, meinen ersten Abend in Sète mit Austern zu feiern. Luba hatte noch nie Austern probiert, aber nachdem sie erst zögerte, probierte sie eine von meinem Teller. Sie fand die Konsistenz wie auch den Geschmack abstoßend, was mich sehr amüsierte, und blieb bei Salat und Fisch. Später an diesem Abend behauptete sie, dass nun sogar mein Sperma nach Austern schmecken würde, was ich für sehr weit hergeholt hielt.

Am nächsten Tag fuhren wir mit dem Wagen die Küste hinunter und fanden einen abgelegenen Strand hinter einer Seenlandschaft, in der Flamingos in regloser Stille verharrten. Jetzt, nachdem die Saison vorüber war, waren die Strände ziemlich leer, und wir rissen uns trotz fehlender Sonne die Kleider vom Leib. Die See hatte die matteren Farben des Herbstes angenommen, und Melancholie lag in der Luft, als wir über den flachen Horizont blickten und dann im Schutz einer kleinen Düne fickten. Trotz der Düne wehte die Brise den Sand überallhin, und was uns wie eine gute Idee erschienen war, erwies sich als ziemlich unbequem und sogar schmerzhaft. So viel zu den zahlreichen Charakteren in meinen Geschichten, die es unter freiem Himmel trieben, wobei ich zugeben muss, dass sie es gewöhnlich unter karibischer Sonne oder auf den Malediven taten.

An unserem dritten Tag bummelten wir durch das Städtchen, und ich kaufte Luba hübsche Dessous, die sie mir später vorführen wollte, wie sie versprach. Für mich selbst fand ich ein dunkelbraunes Hemd mit Button-down-Kragen. Wir gingen den Hügel hinauf bis zum *cimetière marin,* auf dem die Poeten und Sänger der Gegend begraben waren, und sahen hinaus auf das reglos erscheinende Meer, das uns von der Küste Nordafrikas trennte. Nachmittags waren wir beide traurig und auch müde. Wir kuschelten uns in dem knappen Doppelbett aneinander und machten ein keusches Nickerchen. Wir erwachten, als die Sonne über dem Kanal unterging, und Luba fragte mich, was sie anziehen solle. Ich ließ sie die neue Unterwäsche tragen und scherzte, dass ihre Scham einen neuen Haarschnitt vertragen könnte.

»Mach doch«, schlug sie vor. Ich holte mein Rasierzeug und ließ sie sich mit weit geöffneten Schenkeln aufs Bett setzen. Dann begann ich die Haare auf ihren äußeren Schamlippen mit meiner scharfen Nagelschere zu stutzen, während mein Blick immer wieder auf die Öffnung ihrer Möse fiel, die sich mir ungeschützt präsentierte. Die bloße Intimität dieses Spiels erregte sie sichtbar. Als ich aufhörte, war sie so gut wie kahl, ein Anblick, den ich sehr genoss. Ihre Locken waren alle geschoren, was blieb, war ein dunkler Schatten als Beweis dafür, dass sie kein Kind mehr war.

»*Voilà*«, sagte ich und bewunderte mein Werk.

»*Très bien.*« Luba sah zustimmend an sich herab. »Wow, du hast nicht viel übrig gelassen«, bemerkte sie dann. Ihr Gesicht war leicht gerötet, und der Anblick, wie sie mit weit geöffneten Beinen auf der Bettkante saß und ihre Spalte entblößte, regte meine Fantasie an.

»So solltest du heute Abend ausgehen«, schlug ich vor.

»So?« Sie riss die Augen auf, denn unterhalb der Taille war sie völlig nackt. (Sie trug noch ein T-Shirt, das ich ihr zum Schlafen geliehen hatte.)

»Na ja, du könntest deinen langen Rock tragen, den mit den Blumen drauf«, fügte ich hinzu.

»Der ist fast durchsichtig«, sagte Luba.

»Stimmt.«

»Bist du sicher?«

»Absolut. Ich will das unbedingt.«

»In Ordnung«, stimmte sie zu. »Und welches Oberteil soll ich dazu tragen?« Sie kramte in ihrer kleinen Tasche herum.

Als wir auf den Hafen und seine einladenden Restaurants und Bars zusteuerten, blieb ich auf dem schmalen Weg neben dem Kanal einige Schritte hinter Luba zurück. Ich sah, wie die letzten Sonnenstrahlen durch ihren Rock hindurchleuchteten und sich die Konturen ihrer langen Beine abzeichneten. Ich fragte mich, ob andere ebenfalls sehen konnten, dass sie nichts darunter trug.

»Es fühlt sich so sexy an«, flüsterte sie mir zu, als wir in einem Café an einer *citron pressé* und einem exotischen Likör nippten, mit dem sie bereits länger geliebäugelt hatte. Ihr bloßer Hintern drückte gegen das Metall der Sitzfläche, während der Rock über ihren Beinen ihre Nacktheit vor den vielen Menschen, die vorüberschlenderten, verbarg. »Das macht mich echt geil, weißt du das, Conrad?«

Nachdem ich ihr ihre Muschihaare getrimmt hatte, hatte sie ficken wollen, doch ich hatte abgelehnt. Zuerst wollte ich ausgehen und etwas essen. »Mäste mich«, hatte sie gescherzt. »Mache ich ... und alles, was mir sonst noch in den Sinn kommt«, hatte ich geheimnisvoll geantwortet, und ein verrückter Plan hatte in meinem fiebrigen Hirn Gestalt angenommen.

Das Restaurant, für das wir uns schließlich entschieden hatten, lag hinter dem Hafen, war auf spanische Küche spezialisiert und servierte gigantische Portionen. Es war voll besetzt. Die Bedienung war langsam. Zeit genug für Luba, ihre Gedanken nach unten zu ihrem Schoß wandern zu lassen, wo ein leichtes Jucken ihre Sinne verrücktspielen ließ. Sie war so fiebrig aufgekratzt, wie ich sie noch nie erlebt hatte. Ich hätte nie geahnt, dass das Gefühl, untenherum so nackt zu sein, solch eine Wirkung auf sie haben könnte. Auch ich war angetörnt. Ursache und Wirkung. Das Essen dauerte eine Ewigkeit, doch die Speisen waren köstlich und gerade scharf genug, um einem nicht die Tränen in die Augen zu treiben.

Luba wischte sich einen Hauch von Tomatensoße aus dem Mundwinkel, als die Bedienung unsere Teller abräumte.

»Noch ein Dessert?«, fragte uns die junge Frau, die hinkte.

Ich sah zu Luba hin. »Nein«, lehnte sie ab. »Ich platze gleich.« Die Bedienung entfernte sich. »Findest du sie hübsch?«, wollte Luba wissen.

Tatsächlich hatte ich sie nichtssagend und wenig ansprechend gefunden. »Eigentlich nicht«, antwortete ich. »Aber hast du mir nicht ohnehin gesagt, dass du nicht auf Frauen stehst?«

Luba grinste mich verschmitzt an. »Heute Nacht«, sagte sie und senkte ihre Stimme, »würde ich alles tun, wonach mir gerade ist.« Ihre Hand glitt unter dem Tisch zwischen ihre Beine, und sie berührte sich.

Ich brachte ein Lächeln zustande. »Alles?«

Luba senkte den Blick. »Ja, alles.«

Ich erinnerte mich an frühere beiläufige Gespräche nach dem Sex, in denen es um unsere jeweiligen Fantasien ging.

»Bist du dir da ganz sicher?«

Sie nickte eifrig. Die Bedienung brachte die Rechnung. Ich musterte sie von oben bis unten. Nein. Sie war nicht, was ich im Sinn hatte.

Auf der anderen Seite des Kanals gab es eine kleine Bar mit Blick auf das Grand Hotel. Kein Touristenladen, mehr ein in die Jahre gekommener Treffpunkt für einheimische Stammgäste. An der Bar standen ein halbes Dutzend Männer, und weitere befanden sich in einem Hinterzimmer, wo sie lautstark Poolbillard spielten. Ein vertrauter Geruch von kaltem Zigarettenrauch und Alkohol lag in der Luft. Wir bestellten zwei Espressi. Ich sah Luba in die Augen, um sicherzustellen, dass sie noch immer bereit war, sich auf jede Form von Wahnsinn einzulassen, die mir für sie in den Sinn kam.

»Schau dich um, und such einen aus«, sagte ich zu ihr.

»Egal, welchen?«

»Egal, welchen.«

Sie drehte sich um und blickte prüfend auf das Grüppchen an der Bar. Einer der Männer trank allein, gehörte nicht dazu und unterhielt sich auch nicht. Vor ihm stand ein halb leeres Glas Rotwein. Er sah irgendwie vertraut aus, und ich glaubte, in ihm den Angler vom ersten Tag wiederzuerkennen. Mittelalt, stämmig, rotgesichtig. Ich war mir nicht ganz sicher, doch es konnte gut sein, dass er es gewesen war. Er bemerkte unsere Blicke, hielt Augenkontakt und lächelte geheimnisvoll. Es würde Sinn machen, dass er sich hier aufhielt; ganz in der Nähe hatte er geangelt, und da wäre es nur verständlich, dass dies die Bar seiner Wahl war.

Luba konnte sich nicht entscheiden.

»Er?« Diskret zeigte ich ihn ihr.

»In Ordnung«, stimmte sie zu.

»Dann ist es das, was ich von dir will«, sagte ich und gab ihr genaue Anweisungen, denen sie folgen sollte. Ich gab ihr den Schlüssel zu unserem Hotelzimmer, und sie ließ mich mit der Rechnung zurück und ging davon Richtung Steinbrücke, die über den Kanal führte. Währenddessen hatte uns der Mann an der Bar schweigend beobachtet. Ich ging zu ihm hinüber und legte einen Zehn-Euro-Schein auf den Tresen.

»Du hast sie wiedererkannt, nicht wahr?«, fragte ich ihn.

»Ja«, sagte er. »Unmöglich, es nicht zu tun. Das war eine ganz schöne Show, die ihr beiden da geliefert habt.«

»Findest du sie attraktiv?«

»Natürlich«, antwortete er.

»Du kannst sie haben, wenn du willst.«

»Du machst Witze«, entgegnete er.

»Mach ich nicht«, sagte ich. »Einfach so. Wir lieben Abwechslung, verstehst du. Du kannst ihr Urlaubsgeschenk von mir sein. Interessiert?«

»Wann?«

»Jetzt. Aber ich werde dabei sein und euch zusehen. Dieser Punkt ist nicht verhandelbar.«

Er nahm seine Brille ab.

»Dann los«, sagte er.

Die Zimmertür war unverschlossen, und nur die Nachttischlampe brannte. Luba kniete auf dem Bett. Sie trug nichts als ein T-Shirt, ihr Hintern zeigte zur Tür. Obszön und unschuldig. Ihre Beine waren geöffnet, und sowohl ihre Möse als auch ihr Anus zogen den Blick auf sich und weckten roh und verfügbar das Verlangen. Der Franzose stand auf der Schwelle, als wäre er von der pornografischen Darbietung hypnotisiert. Ich bat ihn, für einen Moment zu warten, und ging hinüber zum Bett. Kurz wühlte ich in meinem Koffer und zog eine Krawatte und einen schwarzen Ledergürtel hervor, mit denen ich Lubas Hände an das Kopfteil des Bettes band. Sie musste ihre Position kaum ändern, drückte nur den Rücken durch, um sich etwas aufzurichten und trotzdem bequem das Gleichgewicht halten zu können, und ich spreizte ihre Beine noch weiter. Ihr Möse war nun weit geöffnet. Ich fand einen Seidenschal in ihrer Handtasche und band ihn ihr um die Augen, sodass sie vollkommen blind war.

»Jetzt«, sagte ich und drehte mich wieder dem Fremden zu. Er zog sich bereits die Hose aus und holte seinen Schwanz hervor. Es war ein beeindruckendes Exemplar. Nicht beschnitten, dick und mit einem Netz praller Venen überzogen sah er aus wie eine kunstvoll gearbeitete Skulptur. Er war bereits steinhart. Der Mann warf mir einen letzten Blick zu, als ob er meine Zustimmung suchte. Ich nickte. Dann positionierte er sich vor ihrer Spalte und drang mit einem schnellen Stoß in sie ein. Fasziniert sah ich, wie leicht er trotz seines Umfangs in sie glitt, sie ausfüllte und ihre Lippen auf eindrucksvolle Weise dehnte. Luba schnappte nach Luft, sei es aus Überraschung über seine Größe oder aus einem kurzen Moment der Angst heraus, als er sich seinen Weg tief in unbekanntes Gebiet bahnte.

Er nahm sie mit unerschütterlicher Kraft, trieb sich wie ein Gewehrkolben in ihr Fleisch, rein und raus, regelmäßig und unermüdlich, während seine großen schweren Eier gegen ihre hellen Pobacken schlugen. Für einen kurzen Moment musste ich daran denken, was dieses Monster von einem Schwanz in ihrer hinteren Öffnung anrichten könnte.

Der Franzose verwies mich in Sachen Kondition auf die Plätze, wie ich zugeben musste. Er blieb hart, kam niemals aus dem Rhythmus und bohrte sich mit einer wilden Kühnheit in Lubas Möse, als ich schon längst die Kontrolle über meine Lust verloren hätte. Ich ging zur anderen Seite des Bettes und wischte Luba den Schweiß von der glänzenden Stirn. Sie war fiebrig und glühte, doch ich wusste, dass es die pure Lust war und das Wissen, dass unser Tun außerhalb aller Normen und völlig verrückt war. Es war der Inbegriff anonymer Hingabe. Wir benutzten einander, genau wie sie bis zum Exzess von einem Fremden benutzt wurde.

Er schwitzte und atmete schwer, während er Luba immer härter rannahm, sie eine Schlampe nannte, eine fremde Hure. Doch sie verstand kein Französisch, und ich war weder in der Stimmung noch in der Position, ihm zu widersprechen. Dann kam der Mann und brüllte laut dabei auf. Luba seufzte. Ich hielt den Atem an, schloss die Augen und stellte mir vor, wie sein mächtiger Spermastrom sie überschwemmte. Schließlich herrschte absolute Stille. Er war immer noch tief in ihr, den Kopf hatte er nach vorn fallen lassen, sodass er fast auf ihren zerbrechlichen Schultern lag. Ich konnte sehen, wie sein Saft aus ihr herausquoll und ihr über die Schenkel lief. Ich wischte ihr noch einmal über das Gesicht und nahm ihr dann die Augenbinde ab.

Sie sah zu mir hoch, während sein Schwanz sie immer noch durchbohrte.

»Alles in Ordnung?«, fragte ich sie.

»Ja«, entgegnete sie leise und versuchte sich an einem schwachen Lächeln. Die Vorderseite ihres T-Shirts war pitschnass, und ihre Nippel drückten sich durch den grauen Stoff.

Jetzt fühlte ich mich schuldig. Wir hatten die Grenze zwischen Fantasie und Wirklichkeit überschritten, und das fühlte sich seltsam an. »Wir hatten uns darauf geeinigt, alles …«, sagte ich, fast wie eine Entschuldigung.

Der Franzose stand schweigend hinter uns. Luba rutschte ein Stück vor, und sein dicker Schwanz glitt aus ihr heraus. Noch immer war er halb hart und von eindrucksvoller Größe.

Ihre Augen glänzten, wie sie es immer taten, wenn sie gekommen war. Sie sah mich an, während sie sich streckte. Dann fragte sie: »Alles?«

»Ja«, stimmte ich zu und konnte mir fast denken, was sie nun von mir verlangen würde. So oft schon hatten wir uns bei früheren Begegnungen spät in der Nacht in die Laken gekuschelt und darüber unterhalten.

»Möchtest du sauber geleckt werden?«, fragte sie den Franzosen.

Er blickte verwirrt. Bekam kein Wort heraus.

»Von ihm?« Sie sah in meine Richtung.

Er zuckte mit den Schultern. Ich ging zum Bettende, kniete mich hin und nahm seinen noch tropfenden Schwanz in den Mund, um an ihm zu saugen und ihn sauber zu lecken. Er schmeckte nach ihr. Natürlich. Wie hätte es anders sein können? Sein Saft zählte nicht. Es war das Geringste, was ich jetzt für sie tun konnte. Schließlich wich der Mann zurück, kurz bevor er wieder ganz hart geworden war. Offensichtlich war er nervös, dass ein anderer Mann ihm einen blies und dabei die gleichen Gefühle in ihm hervorrufen konnte wie der Mund einer Frau. Er murmelte eine Entschuldigung, zog sich die Hose hoch und schoss durch die Tür.

Luba und ich schliefen unruhig in dieser Nacht und sprachen so wenig wie noch nie miteinander. Kurz nach dem Frühstück am nächsten Morgen fuhren wir zum Flughafen von Montpellier, um unseren Flug nach Paris zu erreichen. Dort trennten wir uns, um in unsere Heimatländer und nach Hause zu gelangen. Wir blieben noch einige Monate in Kontakt und versicherten uns halbherzig, dass wir uns wenn möglich wiedersehen würden, doch irgendwie konnten wir unsere Terminkalender und unsere Herzen nicht mehr aufeinander abstimmen. Sie traf einen Kerl aus Korea. Ich fickte mit jemandem aus New York. Und so beschlossen wir – die monogamen Fremdgeher, zu denen wir aus Gewohnheit geworden waren –, dass unsere Affäre zu einem Ende gekommen war.

Für ein paar Monate telefonierten wir noch hin und wieder miteinander, und wenn uns der Sinn nach Scherzen stand, stimmten wir darin überein, dass wir einen höchst interessanten Urlaub miteinander verbracht hatten.

Hitzewelle

Tawny Brown

Es ist August in Alabama. Ich liebe die Sommer im Süden und das Farbenmeer, wenn gegen Ende des heißen Jahreszeit alles in voller Blüte steht. Es ist der letzte der Hundstage, bevor sich das Wetter wieder abkühlt und alles verändert. Irgendwie macht der August, dass alles schwüler, intensiver und irgendwie mehr von allem ist.

Doch heute Nacht ist das Wetter fast nicht zu ertragen. Seit zwölf Tagen hat es nicht geregnet. Das Thermometer zeigt fast vierzig Grad Celsius an, und das um neun Uhr abends. Den ganzen Tag über ist es glühend heiß gewesen. Geradezu erdrückend. Die Klimaanlage schiebt Extraschichten, aber selbst diese Luft bringt in dieser Nacht keine Abkühlung. Jeder trägt so wenig am Leib, wie es irgend geht, ich selbst mache da keine Ausnahme. Das dünne Baumwollkleid, das ich der Form halber anhabe, klebt mir am Körper, als wäre es mir auf die Haut gemalt. Willkommen in den warmen, schwülen Nächten des Südens, die man gleichzeitig hasst und liebt.

Ich stehe vor der Klimaanlage und betrachte dich. Du siehst heiß aus, selbst in Boxershorts und armfreiem T-Shirt, wie du auf dem bequemen Sessel sitzt und versuchst, dich auf deine Arbeit zu konzentrieren, die vor dir auf deinem Schoß liegt. Doch diesmal ist es nicht gut, dass du so heiß aussiehst. Nun ja, irgendwie schon, aber das sollte es nicht.

»Komm her«, brummst du, als du hochblickst und mich siehst, wie ich dich betrachte. Du streckst deine kräftige Hand nach mir aus, und du lässt deine Papiere auf den Boden neben dich fallen. Ich kann mir nicht vorstellen, dass du in dieser Hitze überhaupt daran denken magst, irgendwem körperlich nahe zu sein.

»Nein, es ist zu heiß.« Ich runzele die Stirn, denn ich weiß, dass du ein Nein nicht akzeptierst, wenn du diesen Gesichtsausdruck hast. Im Stillen hoffe ich, dass du nur scherzt, schließlich ist es definitiv zu heiß, um auch nur an Haut auf Haut denken zu wollen, und noch weniger ans Ficken, worauf es häufig hinausläuft. Doch das Zwinkern in deinen Augen sagt mir, dass es du mich nicht auf den Arm nimmst und dass es dir ernst ist. Auch das plötzliche unübersehbare Zelt, zu dem sich deine Boxershorts erhebt, macht die Sache nicht besser.

»Ach wirklich? Sogar zu heiß, um Liebe zu machen? Da kann ich dir helfen, meine geliebte Frau.« Lachend kommst du durch den Raum, legst deine große Hand um mein Handgelenk und ziehst mich durch die Tür hinaus in die schwüle Nacht.

Der Temperaturunterschied zwischen drinnen und draußen ist nicht groß, doch es reicht, um mich nach Luft schnappen zu lassen, als mir die Hitze ins Gesicht schlägt. Barfuß ziehst du mich hinter dir her in die Dunkelheit des Gartens, und selbst das Gras unter meinen Füßen ist heiß. Allerdings nicht für lang.

»Bleib da stehen, und beweg dich nicht.« Du stellst mich in die Mitte des Gartens, zwischen Haus und Magnolienbaum, und verschwindest in den Schatten. Dann erfüllen mein erschrockenes Japsen und kindliches Lachen die Nachtluft, klingen laut und unüberhörbar durch unsere nette, ruhige, ländliche Nachbarschaft. Als mir bewusst wird, dass du den Rasensprenger eingeschaltet hast, muss ich heftig lachen und gleichzeitig zittern. Die Wassertropfen fühlen sich wie Eis auf meiner warmen Haut an, als sich der Sprinklerkopf zwischen uns vor und zurück bewegt und uns beide durchnässt. Du taumelst aus den Büschen, in denen der Wasseranschluss für draußen verborgen ist, und knurrst drohend wie ein Raubtier auf nächtlichem Beutezug, während du auf mich zukommst. Überraschung macht sich auf meinem Gesicht breit, als du flüsterst: »Willst du was Süßes, kleines Mädchen?«

»Nein! Mein Gott, nicht hier. Du bist verrückt!« Ich drehe mich um und will davonrennen, während mich der Ausdruck in deinen Augen wieder zum Lachen bringt, doch es ist zu spät. Zwei Hände fassen um meine Taille und fangen mich ein. Dein Atem ist heiß auf meiner Haut, als du mich näher zum Sprinkler ziehst. Wasser rinnt über unsere Körper. Ich bin dankbar für die große Magnolie, die zwischen uns und der Straße steht, denn es ist unser Vorgarten, in dem ich bedrängt werde. Dein Flüstern in meinem Ohr, mein helles Kichern, das ich zu unterdrücken versuche, während du das wilde Tier gibst, das mich fressen will.

Ich liebe das Gefühl deiner Hände, wie sie über meine Schenkel gleiten und den nassen Baumwollstoff hochheben und meinen nackten Hintern dem kalten Wasser und der Nachtluft preisgeben. Meine Nippel sind hart und aufgerichtet, vor Erregung und wegen des Wassers, als eine Hand sich auf meine volle Brust legt und mit dem vorstehenden Nippel spielt. Trotz des Wassers um uns herum ist dein harter Schaft wie glühende Kohle, als meine Hand zwischen uns gleitet, um ihn aus deinen Shorts zu befreien. Das Feuer wird noch heißer, als du mich gerade genug nach vorn beugst, um in mich einzudringen. Der erste Stoß ist hart. Schon hast du dich in mich versenkt, und mein mädchenhaftes Kichern weicht einem Stöhnen. Der Gegensatz aus warmer Haut, Erregung und kühlem Wasser macht mich schwindelig und lässt meinen Körper erbeben, während du immer wieder in mich stößt. Deine Hände sind kräftig, weich und warm, als du im kühlen Wasser nach meinen Brüsten greifst, knetest, zwickst, mich ganz fest hältst und dabei deine Zähne sanft in meine Halsbeuge gräbst.

Inzwischen ist mir völlig egal, wer uns sehen kann. Es würde mir nichts ausmachen, selbst wenn die gesammelte Nachbarschaft wüsste, dass wir im Vorgarten ficken. Mein Kleid wird nach oben geschoben, und meine eigene, kleinere Hand wandert zwischen meine Schenkel, drückt hart auf meine geschwollene Klitoris und spielt mit ihr. Ich presse mich gegen dich, und die Hitze ist mir egal, alles ist mir egal, außer deinem Körper, der mit meinem verschmilzt. Mein Wimmern, dein Grollen, lustvolles Flüstern und leises, heiseres Lachen erfüllen die Nacht. Ein Beben durchfährt mich, als du dich in mir verströmst und mich mit deiner Hitze erfüllst.

Schließlich ziehst du dich aus mir zurück, und ich drehe mich zu dir um, umarme dich, küsse dich leidenschaftlich. Wir müssen kichern, als die Nacht wieder still wird und wir ein Stück die Straße hinunter einen Schaukelstuhl knarren und Mr. Jones laut zu seiner Frau flüstern hören: »Martha, die beiden tun es schon wieder.«

Die Sommermädchen

Alison Tyler

Boys of Summer kam gerade heraus, als ich die Highschool beendete. Jeden Tag ging ich mit meinen Freunden zum Strand, wo wir den ganzen Tag über blieben, und es schien, als wäre es der einzige Song, der im Radio gespielt wurde. Natürlich übertreibe ich, doch genau so erinnere ich mich daran. Daran und an das Sonnenöl mit exotischem Geruch. Kein Sunblocker für uns. Kein LSF 30 oder 50 oder was auch immer die Kids heute nehmen. Wir wollten Öl mit dem niedrigsten Lichtschutzfaktor, den es gab, und wir wechselten uns darin ab – als wären wir auf Bratspießen –, wer am braunsten wurde.

Meine Freundinnen hatten die Augen unter unseren unglaublich coolen Ray-Ban-Sonnenbrillen geöffnet und suchten den Strand von Santa Cruz nach niedlichen Surfern und Collegejungen ab. Meine Augen waren geschlossen, während ich an meinen Ex dachte, einen Mann, keinen Jungen, der es irgendwie geschafft hatte, ohne mir das Herz zu brechen, die Stadt zu verlassen und dabei immer noch in Besitz dieses lebenswichtigen Organs von mir zu sein. Seitdem er verschwunden war, fühlte ich nichts mehr. War nicht mehr glücklich. Oder traurig oder wütend oder verwirrt. Ich war wie leer – und interessierte mich für nichts mehr außer meiner Bräune.

Ab und zu sagte eine meiner Freundinnen etwas wie: »Oh, Carla, mach die Augen auf. Sieh dir *den* an«, wenn irgendein blonder Adonis auf uns zusteuerte. Ich riskierte dann einen Blick aus halb geschlossenen Lidern und gab meine Wertung auf einer Skala von eins bis zehn ab, bevor ich die Augen wieder schloss.

Wir verbrachten den ganzen Tag am Strand, weil wir nirgendwo anders hingehen konnten. Im Herbst würden wir uns dann auf Universitäten im ganzen Land verteilen. Bis dahin lebten wir zu Hause, hatten gelegentlich irgendwelche Jobs wie zum Beispiel als Hostessen für Chevy's oder als Ladenhilfen bei Whole Foods. Wir verbrachten Nächte am Lagerfeuer und sahen uns Mitternachtsvorstellungen im Kino an. Doch vor allem brieten wir in der Sommersonne, bis wir tiefbraun waren. Die Mädchen in meiner Gruppe waren alle wild auf einen heißen Sommerflirt, während ich mich vom Geräusch der Wellen in die Vergangenheit tragen ließ, drei Monate zurück, als ich meinen Mann das letzte Mal gesehen hatte.

Es ist nicht üblich, einen *Mann* zu haben, wenn du die Highschool besuchst. Stattdessen regt man sich über irgendwelche Klausuren auf, streitet sich darüber, wie lange man abends ausgehen darf, und ficht kichernde Kämpfe mit seinen Freundinnen aus, wer wem auf der Strandpromenade schöne Augen machen darf. Aber ich war diesem Unsinn entkommen, indem ich mein Herz an einen siebenundzwanzigjährigen Rebellen mit dem Aussehen von James Dean verloren hatte, der den Arschlöchern in Silicon Valley Kokain verkaufte und mich vor dem Schulgebäude mit seiner gestohlenen Harley-Davidson abgeholt hatte.

Zu meiner Verteidigung möchte ich hinzufügen, dass ich erst lange, nachdem er verschwunden war, von dem Kokain erfuhr und davon, dass das Bike gestohlen war. Ich wusste nicht, dass er bereits im Gefängnis gesessen hatte oder dass er unter dem Unterarmverband, den er immer trug, wenn wir uns sahen, das Tattoo des Zig-Zag-Mannes trug. Ich wusste nicht einmal, was der Zig-Zag-Mann war und dass er mit Drogen dealte. Im Alter von süßen achtzehn wusste ich nur, dass nichts, was mit der Highschool zu tun hatte, wirklich zählte und dass die Teenagerprobleme meiner Freundinnen auch nichts mit der wirklichen Welt zu tun hatten. Mein Freund, der Mann, der mich in einem 20-Dollar-Motelzimmer in East Palo Alto gefickt hatte, als er mich mit weit gespreizten Schenkeln auf sich gesetzt und darauf bestanden hatte, dass ich ihm in seine tiefblauen Augen sah, während er mich kommen ließ – *dieser* Mann war verschwunden. Und unter der Telefonnummer, die er mir gegeben hatte, ließ mich nun eine Computerstimme wissen, dass unter dem Anschluss niemand zu erreichen war. Und als ich es endlich geschafft hatte, seinen besten Freund aufzuspüren, indem ich vor der Bar in Menlo Park herumlungerte, in der die beiden häufig gewesen waren, erzählte er mir die wahre Geschichte über meinen Ex und gab mir dann den wenig brillanten Rat, den noch niemand mit einem gebrochenen Herzen jemals zu folgen vermocht hatte:

»Tu dir selbst einen Gefallen, Mädchen«, sagte er. »Vergiss ihn.«

Mehr Öl auftragen. Auf die andere Seite rollen.

Hier war ich nun, mit all meinen guten Referenzen, und nichts davon spielte irgendeine Rolle. Nichts war von Bedeutung außer meiner Bräune.

Bis ich Mark begegnete, war ich eines von den klugen Mädchen gewesen, sollte an die UCLA gehen, hatte ein Stipendium in der Tasche, vier Jahre Latein hinter mir, eine wöchentliche Kolumne in der Schülerzeitung, und auf meinem Highschool-Zeugnis war eine gewaltiger Haufen von außerschulischem Aktivitätsmüll dokumentiert. Nun, nachdem er gegangen war, interessierte mich nichts davon. Sicher, ich würde im September wieder an die Schule zurückkehren, weil mir nichts Besseres einfiel, doch es war mir egal. Ja, dieser blonde Herkules erreichte zweifellos eine 9,9 auf der Richterskala der kalifornischen Surfboys, aber auch das war mir egal.

Boys of Summer wurde endlos gespielt, und ich ölte mich ein, drehte mich auf die andere Seite und dachte an den Tag zurück, als ich meine letzten Prüfungen vor den Ferien abgelegt hatte. Mark hatte mich vor der Aula abgeholt und mich hart vor den Augen aller geküsst, bevor er mit mir in sein kleines Apartment an die Stadtgrenze von Atherton und Redwood City gefahren war. Das Ganze sorgte für Gerede unter meinen Mitschülern, doch für mich zählte nur die Harley-Davidson zwischen meinen Beinen und die Art und Weise, wie Mark mich ansah, als er mich die Treppen hinauf zu seinem Apartment im zweiten Stock führte.

Er sah mich an, als wäre ich eine Frau und kein hirnloser Teenager, den niemand ernst nahm. Er fickte mir die Fragen des zurückliegenden Tests geradewegs aus dem Kopf, beugte mich nach vorn über das Bett und besorgte es mir von hinten. Und nur um es klarzustellen: Highschool-Jungs wissen nicht, wie man es von hinten macht. Dazu braucht es einen Mann, einen Mann mit Willenskraft, einen Mann, der dir mit der Hand auf den nackten Hintern schlägt und dich zum Schreien bringt, während er dich fickt.

Zumindest war es das, was ich brauchte.

Mehr Öl, sofort. Der Duft von Ananas umhüllte mich.

Ich dachte niemals an die Zukunft, wenn wir zwei zusammen waren. Und ich wusste auch nicht so richtig, was er tat, wenn er nicht bei mir war. Jedenfalls machte er nicht den Eindruck eines Chorknaben. Es stimmt, ich war naiv. Doch ich war keine Idiotin. (Konnte ich auch nicht sein, schließlich war ich Stipendiatin, oder etwa nicht?) Ich wusste, dass die Begriffe »Import« und »Export« für ihn Codewörter für etwas waren, was er im Verborgenen tat. Ich wusste, dass er nicht mit handgeflochtenen Körben aus irgendeinem Dritte-Welt-Land handelte. Aber ich lebte allein für die Zeit, in der wir zusammen waren. Ich lebte dafür, vor ihm auf die Knie zu gehen und seine Hose mit den Zähnen aufzuknöpfen, wie es jede gute Nutte getan hätte. Ich lebte für das Gefühl, wie sein Schwanz zwischen meine leicht geöffneten Lippen glitt. Ich lebte dafür, sein Ding so tief in meinen Mund zu nehmen, dass er kam und mir schwindelig von dem Geschmack wurde.

Und dann war er fort. Und es war Sommer.

»Sieh dir den an, Carla. Sieh ihn dir an!«

Bevor er gegangen war, hatte Mark mich oben in meinem Zimmer geliebt, während meine Eltern im Erdgeschoss zu einer Dinnerparty geladen hatten. Er zeigte mir, wie ich es ihm besorgen sollte, in meiner Bude mit einer Tür ohne Schloss, während wir uns angeblich nur unschuldig ein Horrorvideo ansahen. (»Sie kommen, um dich zu holen, Barbara! Da ist einer ...«) Er griff in mein Haar, wann immer er mich küsste, schlang sich meine langen Strähnen fest um sein Handgelenk und hielt mich so fest.

Brutal. Ja, das waren seine Küsse. Ich kann sie immer noch schmecken, wenn ich die Augen schließe. Ich fühlte mich jedes Mal wie zerschlagen, wenn wir auseinandergingen. Doch das war in Ordnung. Ich wollte, dass er mich hart rannahm. Ich wollte die Hitze seines Körpers spüren, wenn er sich gegen mich drückte. Ich wollte seinen steinharten Schwanz, der in nichts als einer verschlissenen Levis steckte, und wie er gegen mich schlug, wenn wir auf der Couch lagen. Er war gefährlich, und ich brauchte die Gefahr.

In einer dämmerigen Aula beim Highschool-Ball gab es keine Gefahr. Nicht einmal, wenn die Jungs tranken – und sie tranken eigentlich immer. Und auch nicht, wenn dein Laborpartner, dieser hübsche dunkelhaarige Nimrod, der deine Antworten in der Chemieabschlussprüfung abschreibt, versucht, mit dir hinter der Zuschauertribüne zu verschwinden. Nein, du begegnest der Gefahr, wenn dein Mann mit einem Paar Handschellen aus Sterlingsilber vor deinen Augen baumelt und sagt: »Baby, du bist ein böses Mädchen gewesen. Und das wird heute Konsequenzen haben.« Dein Herz setzt für einen Schlag aus, und du senkst den Blick, und du weißt, dass du wenigstens eine Woche lang eine langärmlige Bluse tragen musst, auch wenn es draußen höllisch heiß ist. Gefahr ist, wenn dir dein Mann in der Öffentlichkeit den Rock hochhebt, um dir auf den bloßen Hintern zu schlagen, weil du ihm eine vorlaute Antwort gegeben hast. »Nicht in dem Ton, Mädchen, oder Daddy wird dir den Hintern versohlen müssen.«

Highschool-Jungs haben keine Handschellen.

Highschool-Jungs haben noch nicht einmal von Spanking gehört.

Highschool-Jungs würden sich niemals, wirklich niemals »Daddy« von dir nennen lassen.

»Komm schon, Carla. Er ist göttlich. Mach die Augen auf!«

Ich hatte sie bereits geöffnet. Ich hatte bereits gesehen, wozu ein Mann fähig ist.

Und so briet ich den ganzen Sommer lang in der Sonne. Eingeölt, mein langes schwarzes Haar offen, heißer Sand unter dem Badetuch. Ich nippte an kühlen Drinks aus Limonade mit einem Spritzer Wodka und verlor mich gelegentlich in dem Anblick hübscher Jungs, die sich mit ihren Surfbrettern in die Fluten warfen.

Und ich dachte an Mark irgendwo da draußen. Im Gefängnis? Vielleicht. Tot? Vielleicht. Ich wusste, dass es, was ihn betraf, viele Antworten geben konnte. Das wirkliche Leben? Das war eine ganz andere Geschichte.

Die Schule würde mich verändern. Das wusste ich. Wenn Mark es fertiggebracht hatte, mich die Highschool vergessen zu lassen, dann würde das College das Gleiche mit ihm machen können.

Das Radio spielte weiter und weiter für die *girls of summer* – die Sommermädchen.

Doch ich verlor mich in Gedanken an den Herbst, der vor mir lag.

Sich fallen lassen

Sophia Valenti

Mir hat die heiße Sonne des Sommers noch nie etwas ausgemacht. Je wärmer, desto besser, was mich betrifft. Um ehrlich zu sein, fand ich die sterile Kühle meines Büros drückender als alles andere, mit seinen grellweißen Wänden, dem harten künstlichen Licht und einer Klimaanlage, die so kalt war, dass es sich eher um das Kühlhaus einer Fleischerei als um ein Immobilienbüro hätte handeln müssen. Jeden Morgen hörte ich meine Kollegen bei ihrem Eintreffen erleichtert aufatmen, wenn sie die stickige U-Bahn-Luft gegen die Kühle hinter getönten Scheiben eintauschten. Währenddessen saß ich in meinem schicken Leinenkostüm zitternd da und fühlte mich wie auf Eis gelegt. Ich wartete schweigend, bis ich die Nachricht erhielt, die aus einem Motelnamen und einer Zimmernummer bestand. Allein ihr Anblick wärmte mich von innen heraus – brachte meinen Widerstand zum Schmelzen und mich zurück ins Leben.

Jeden August zur immer gleichen Zeit trafen Clarke und ich uns. Und für ein paar Stunden vergaßen wir dann unsere Verpflichtungen, vergaßen unsere Versprechen, vergaßen all das, was uns zu dem machte, was wir waren. Unsere Wahrheit waren dann ringende Leiber und Schweiß, Sex und Hitze, gewispertes Stöhnen, das in der schwülen Nacht verklang.

Vielleicht ist er der Grund dafür, dass mir diese Zeit des Jahres so gut gefällt.

Nachdem ich seine Nachricht erhalten hatte, verschwand der Rest des Tages in einem Nebel erotischer Fantasien. Ich ignorierte die Arbeit auf meinem Schreibtisch, während ich auf den Computerbildschirm starrte und vorgab, in ein halbes Dutzend Tabellen vertieft zu sein. Doch in Wirklichkeit dachte ich nur daran, wie ich meine Beine für ihn spreizen würde. Ich spürte, wie ein sehnsüchtiges Verlangen in mir wuchs, und ich wurde heiß und feucht bei der bloßen Erinnerung an ihn. Ich versuchte, nicht daran zu denken, wie sich seine Hände anfühlten, wenn er mir über den Rücken strich, wie es war, wenn seine Lippen meinen Nacken küssten, und wie ich mich vergaß, wenn seine Zunge über meine Klitoris fuhr. Der Genuss war so intensiv gewesen, dass ich es selbst kaum glauben konnte. Und so kurz vor einer weiteren Begegnung mit ihm spürte ich die Lust in mir aufsteigen und fühlte mich, als würde ich jeden Moment explodieren.

Clarke und ich hielten es seit Jahren so: ein Fernflirt, Freundschaft und heiße Begegnungen im Sommer – wobei ich ständig Entschuldigungen dafür fand, warum nicht mehr daraus werden konnte. Ich hatte meine gelegentlichen Zweifel an der Richtigkeit dieser Entscheidung, doch die wurden in den Hintergrund gedrängt, während ich mich auf meine Kariere und mein Leben in einer Stadt, die mein Zuhause war, konzentrierte. Beim letzten Treffen hatte er Bemerkungen darüber fallen lassen, dass er sich eine festere Beziehung wünschte und in meine Nähe ziehen wollte, um mehr Zeit mit mir zu verbringen. Doch ich zögerte, mein Schutzschild herunterzulassen, und so bestärkte ich ihn nicht darin und fragte auch nicht, wie er sich das genau vorstellte. Meistens hielt ich ihn auf eine Armlänge entfernt, außer es ging um Sex – dann gab es keine Barrieren.

Um fünf Uhr sammelte ich meine Sachen zusammen und verabschiedete mich mit einem Nicken von meiner Assistentin, während sich hinter meinem Lächeln eine Hitze verbarg, die sich dort im Laufe des Nachmittags aufgestaut hatte. Mit ruhigen Schritten ging ich durch die Marmorhalle und zählte im Geist das Klacken meiner High Heels auf den Bodenfliesen, um die Kontrolle zu bewahren und nicht einfach hinaus und geradewegs in seine Arme zu laufen, wie ich es eigentlich wollte.

Draußen wärmte die Sonne mein Gesicht und vertrieb die klimatisierte Kühle. Ich rief ein Taxi heran, das mich zu einem billigen Motel brachte – dem Treffpunkt unserer Wahl. Als die Jahre vergingen und wir beide erfolgreicher wurden, wurde uns bewusst, dass wir uns etwas Besseres leisten konnten. Doch alte Gewohnheiten lassen sich nur schwer ablegen. Irgendwie konnte mich ein Stelldichein in einem Luxushotel nicht so anmachen, wie es ein Treffen in einem Stundenhotel vermochte. Wenn es um Sex geht, habe ich es lieber billig als perfekt.

Als ich das schwach beleuchtete Foyer betrat, versuchte ich, all meine Gefühle hinter mir zu lassen. Ich wollte meine Emotionen außen vor lassen und den Hunger in mir stillen. Denn zumindest darin waren Clarke und ich richtig gut. Wir konnten einander Befriedigung verschaffen, wie niemand sonst es je vermögen würde. Für einige wenige Stunden konnte ich so tun, als würde die Welt aus nichts als heißem, schmutzigem Sex bestehen – ohne verwirrende Gefühle oder irgendwelche Konsequenzen.

Ich ging zu Zimmer 312, wobei ich höflich jedermann ignorierte, der mir auf meinem Weg begegnete, und damit einer unausgesprochenen Benimmregel des Gelegenheitssünders folgte. Ich fand die Tür unverschlossen und trat ein, ohne zu klopfen oder meine Anwesenheit auf andere Weise anzukündigen.

Nackt bis zur Hüfte hatte es sich Clarke auf dem Bett gemütlich gemacht. Mit dem Rücken lehnte er gegen einen Stapel dünner Kissen. Er war von der Sonne des Sommers gebräunt, und in sein braunes Haar hatten sich helle Strähnen geschlichen, die ihn wie einen jungen sexy Surfer aussehen ließen. Die Luft war schwer und schwül wie draußen auf der Straße, und auf seiner Brust glänzte bereits eine dünne Schicht Schweiß. Sein Anblick ließ mein Herz schneller schlagen, und ich konnte die Augen nicht von seinem halbnacktem Körper wenden, als ich mir die High Heels von den Füßen kickte und mir die Jacke abstreifte. Während ich mich auszog, ging sein einer Mundwinkel in die Höhe und ein kleines, verdorbenes Lächeln legte sich auf sein Gesicht. Ich ließ eine Spur aus feuchtem Leinen und Spitze auf dem Boden zurück, während ich mich auf das Bett zubewegte.

Als ich vollkommen nackt war, kletterte ich auf die Matratze und setzte mich rittlings auf seine Schenkel. Clarke ließ die Hände rechts und links von sich ruhen, während sein Blick über meinen Körper wanderte. Ich wusste, dass ihm gefiel, was er sah, doch ich brauchte mehr als Bewunderung. Ungeduldig griff ich nach seinem Gürtel, aber er stoppte mich, indem er nach meinem Handgelenk griff.

»Ich muss dir was sagen«, sagte er und hob mein Kinn mit der anderen Hand, damit ich ihn anschaute.

Er schien zu ernst wegen der falschen Dinge zu sein. Ich erkannte es in seinen eisblauen Augen. Ich wusste nicht, was er sagen würde, doch ich wollte es nicht hören. Nicht jetzt. Alles, was ich wollte, war sein Schaft, groß und hart, der mich ausfüllte und mir gab, wonach ich mich verzehrte.

»Jetzt wird gefickt, lass uns später reden«, beharrte ich, senkte den Kopf und brachte Clarke mit einem Kuss zum Schweigen. Sein Stöhnen wurde tiefer, als ich meine Brüste gegen ihn drückte und er seine Zunge zwischen meine Lippen gleiten ließ. Es war, als würden wir dort weitermachen, wo wir im Sommer zuvor aufgehört hatten, als ich mich an seinen Körper schmiegte und seine rauen Brusthaare meine härter werdenden Nippeln reizten. Unbändige Lust überkam mich, ohne dass ich etwas dagegen tun konnte. Seine Berührung weckte die Erinnerung an jede unserer bisherigen Begegnungen, und meine Haut kribbelte.

Als sich unsere Lippen voneinander lösten, setzte ich mich zurück und holte tief Luft. In Clarkes Augen funkelte animalisches Verlangen, als ich die Spange aus meinem Haar zog, um meine haselnussfarbenen Locken zu befreien. Ich drückte den Rücken durch, schüttelte mir die Locken und spürte, wie sie an meinem feuchten Rücken kleben blieben. Die Hitze im Raum schien mit jeder Sekunde zuzunehmen und machte, dass ich mich so lebendig fühlte wie seit Monaten nicht mehr.

Mit einer geschmeidigen Bewegung warf mich Clarke auf den Rücken. Im nächsten Moment war er über mir, küsste meine Lippen, dann mein Kinn und meinen Hals. Ich wollte ihn mehr als alles andere, hob meine Hüfte und drängte mich voller gegen ihn. Ich konnte seinen Schwanz, der bereits verführerisch hart war, unter seiner Hose fühlen. Ausgehungert wie ich war, schien es mir, als würde er sich alle Zeit der Welt nehmen – um mich zu küssen und jede noch so kleine Stelle meiner Haut mit quälender Langsamkeit zu kosten.

Als Clarke an meinem Körper herunterrutschte und seine Lippen einen meiner Nippel fanden, seufzte ich vor Lust. Während ich mich unter ihm wand, gelang es mir, eine Hand zwischen uns zu schieben und seinen Reißverschluss zu finden. Seine Zunge kreiste um meine empfindliche Knospe und ließ mich aufstöhnen, als ich seine Hose öffnete und meine Hand hineingleiten ließ. Ich griff nach seinem harten, pulsierenden Schwanz in der Boxershorts. Durch den dünnen Stoff konnte ich die Konturen ganz genau spüren und stellte mir vor, wie es sich anfühlen würde, wenn dieser Schwanz endlich wieder in mir war. Meine leere Möse pochte erwartungsvoll.

Clarke stöhnte an meinem heißen Fleisch, als ich meine Hand in seiner Shorts hatte und seine Leidenschaft befeuerte. Ein paar langsame Bewegungen mit der Hand war alles, was Clarke brauchte, um sich aufzurichten und sich die restliche Kleidung auszuziehen. Seine Ungeduld war nun ebenso groß wie meine. Ich lag mit einladend gespreizten Beinen auf dem Laken, und Clarke tauchte zwischen sie. Sein warmer Atem fuhr über meine nackte Spalte und ließ meinen Körper erbeben. Sein Mund legte sich auf das feuchte Fleisch zwischen meinen Beinen, und er fuhr mit der Zunge darüber. Ich warf den Kopf zurück aufs Kissen und stöhnte laut auf. Es war mir egal, ob jemand meine Schreie hörte, als er mit der Zunge über meine Perle fuhr, bis ich schließlich völlig in Ekstase explodierte.

Als ich endlich wieder Luft holen konnte, zog ich ihn hoch zu mir und in meine Arme. Wir küssten uns, und ich konnte mich auf seinen Lippen schmecken. Mein Körper summte vor Vergnügen, doch noch war ich nicht satt. Ich schlang die Arme um ihn, drückte meine Schenkel gegen seine und bettelte schweigend um mehr. Unsere nassen Körper fanden in einem perfekten Moment von Hitze und Lust zueinander, als sein Schwanz gegen meine Spalte drückte.

Meine Hände wanderten seinen Rücken herab, und ich

konnte spüren, wie sich die Muskeln in seinen knackigen Backen unter meinem Griff zusammenzogen. Ich zog ihn an mich und hob mich gleichzeitig von der Matratze, um ihm entgegenzukommen. Als Clarkes Schwanz in mich glitt, seufzten wir gleichzeitig auf, und unsere Körper begannen, sich in einem vertrauten Rhythmus zu bewegen.

Statt mich wild zu vögeln, wie ich es erwartet hatte, nahm mich Clarke mit langsamen Stößen. Mein Verlangen wurde schnell durch Lust ersetzt, die mich völlig beherrschte. Clarke sah mich unverwandt an, als ich durch leicht geöffnete Lippen Luft holte und spürte, wie unsere Verbindung tiefer wurde, auch wenn ich das niemals laut zugegeben hätte. Er hielt meine Hüften fest, stieß immer und immer wieder in mich und brachte mich so an den Rand eines weiteren Höhepunkts. Überwältigt schnappte ich nach Luft und stöhnte, als ich dann auf einer weiteren endlosen Welle der Glückseligkeit davongetragen wurde. Ich verlor mich im Augenblick, als Clarke meinen Namen flüsterte und mit pulsierendem Schwanz selbst kam.

Danach schwiegen wir atemlos, und ich drehte mich zur Seite und starrte aus dem Fenster. Ich hatte keine Ahnung, wie viel Zeit vergangen war, doch die Dämmerung war bereits weit fortgeschritten und orangefarbene Streifen verloren sich in einer indigoblauen Nacht. Eine kühle Brise wehte durch das geöffnete Fenster, blähte die dünnen Vorhänge auf und ließ mich erzittern. Gänsehaut legte sich auf meine Arme, als ich spürte, wie der nun kühle Schweiß auf meiner Haut trocknete. Es war wie der erste Vorbote des Herbstes und gab einen Vorgeschmack darauf, was noch kommen würde.

Über den Dächern der Mietshäuser sah ich den Vollmond in der Dunkelheit leuchten. Ich wartete darauf, dass sich die Matratze bewegte, wenn Clarke aufstand, um zu gehen, wie er es gewöhnlich um diese Zeit tat. Immer auf Abwehr hatte ich ihm beigebracht, nicht länger zu bleiben als unbedingt nötig. Aber in dieser Nacht war es anders, und überraschenderweise machte mir das nichts aus. Statt zu gehen, legte er die Arme um mich, und seine Hand ruhte warm und weich auf meinem Bauch.

»Ich hätte gedacht, du wärst schon wieder auf dem Sprung«, brachte ich schließlich hervor. Ich hoffte, dass mir meine Gefühle nicht anzumerken waren, meinem Tonfall fehlte allerdings die übliche Schärfe. Normalerweise fällt es mir leicht, meine Empfindungen zu verbergen, doch in diesem Moment war ich nackt und ungeschützt – wie ein freiliegender Nerv. Ich versuchte, zu meinem alten Ich zurückzufinden und langsam wieder den Schutzwall um mich herum zu errichten, der mir die Kraft für einen weiteren Abschied gab. In den dunklen Stunden, nachdem Clarke gegangen war, vermisste ich ihn am meisten. Aber am Tag darauf, wenn die Sonne aufging, würde die Welt anders aussehen und ich würde wieder Tritt fassen und in meine alte Routine fallen, ohne zurückzublicken. Doch während ich wartete, dass es so weit war, konnte der Morgen nicht schnell genug kommen.

»Ich habe dir etwas zu sagen«, flüsterte Clarke mit sanfter Stimme und knüpfte damit dort an, wo ich ihn zuvor unterbrochen hatte. Er schien unsicher und nicht so selbstbewusst wie sonst. Zärtlich strich er mit den Fingern über meine nackte Haut, und ich fühlte ein leises Zittern in mir wie einen Funken neuerwachenden Verlangens.

»Was?«, fragte ich, den Blick noch immer auf den Himmel gerichtet.

»Dieses Mal habe ich nur ein einfaches Ticket gekauft.«

Die Sirenen eines Polizeiautos durchschnitten die Stille

der Nacht und übertönten, wie ich überrascht nach Luft schnappte.

»Du wirst also nicht nach Hause zurückkehren?«

Er drückte sein Gesicht in meinen Nacken und flüsterte: »Da bin ich doch schon.«

Ich lehnte mich zurück an seine muskulöse Brust, fühlte, wie mein Körper sich augenblicklich entspannte, und dann endlich wurde mir bewusst, dass ich es auch war.

Gekocht oder gebacken

Sommer Marsden

»Es ist ein Clam Bake, also gebacken«, sagte ich.

»Ein gekochtes Fischgericht«, korrigierte mich Julie.

»Spielt das eine Rolle?«

»Nö«, sagte sie. »Es ist was zu essen.«

Es gab kaltes Bier, Sand, einen rauschenden Ozean und ein Feuer. Halbnackte Männer und junge Frauen versuchten sexy auszusehen, doch es war so kalt, als die Sonne unterging, dass sie sich schneller Pullover überzogen, als man gucken konnte. Die brütende Hitze des Tages und die unbarmherzige Augustsonne hatten sich verabschiedet, und auch wenn die Männer und Frauen es nicht wahrhaben wollten, mussten sie sich damit abfinden. Aber glücklich schienen sie nicht darüber zu sein.

Ich sah, wie Julie zwei hübsche Beachboys ausmachte und sie ins Visier nahm. Der mit dem dunklen Haar sah sie an, als wäre *sie* das Abendessen. Ich musste lachen, als sie sich umdrehte und mich zu sich winkte, wobei sie aussah wie ein gieriges Kind am Weihnachtsmorgen. Ich schüttelte den Kopf und winkte zurück, um sie zum Aufbruch zu drängen.

Ich grub meinen Zeh in den Sand, der an der Oberfläche noch etwas warm war, aber darunter kalt. Ich wackelte mit den Zehen und schloss die Augen nach einem weiteren Blick auf den rosa gesprenkelten Himmel.

»Willst du ein Bier?«

Er war groß und blond und hatte grüne Augen. Ein typischer Surfer mit weißen Zähnen, gebräunter Haut und ein paar Sommersprossen auf der Nase.

»Hab schon eins.« Ich schwenkte es zum Beweis vor mich her, und er ließ sich in den Sand neben mich fallen.

»Weiß ich. Wollte mich nur an dich heranmachen«, sagte er. »Mike.« Er hielt mir die Hand hin.

»Alice«, entgegnete ich und schüttelte sie. »Mach's dir bequem. Meine Freundin hat mich für hübsche Jungs sitzen lassen, die ihr im Kopf herumspuken oder besser surfen.«

Ich sah, wie Julie hinter einem riesigen Kerl mit dunklem Haar herlief, auf dessen Bauchmuskeln man hätte Steine zertrümmern können.

»Du klingst *ähm* ...«

»Ähm?«

»Bitter?«

Ich lachte. »Vielleicht ein bisschen. Hab 'ne miese Trennung hinter mir, Sommerkacke, und versuch jetzt noch ein bisschen Dampf abzulassen, bevor es zurück in die Stadt geht. Ich habe einen neuen Job in einem Anwaltsbüro, der auf mich wartet.«

»Klingt interessant.«

Ich tätschelte sein Bein, warum auch immer. Der Schenkel unter seiner verblichenen Levi's fühlte sich hart und unnachgiebig an. Irgendetwas in meinem Magen zog sich zusammen. Etwas tiefer erging es mir nicht anders. Meine Muschi zuckte, und ich wusste, dass ich verloren war. Verdammt zu einem schnellen Fick mit dem hübschen Mike und seinen Sommersprossen.

Er sah mich an, grinste. Er wusste, woran ich gerade dachte, und es gefiel ihm.

Ich lachte laut und sagte: »Bin schon ganz aus dem Häuschen.« Dann legte ich meine Hand ein wenig höher auf sein Bein und sah ihm ins Gesicht.

»Dampf ablassen, hm?« Er beugte sich vor, küsste mich aber nicht. Er verharrte einfach ganz nah vor mir, und meine Wangen glühten und kribbelten.

»Genau.«

»Da könnte ich helfen.«

»Das hatte ich gehofft.«

Sein Mund war süß und weich, schmeckte nach Salzwasser und Bier. Ich ließ zu, dass Mike mein Gesicht in seine Hände nahm und mich in den weichen Sand drückte. Wir waren ein Stück entfernt von den anderen – jedenfalls weit genug weg, dass niemand von uns Notiz nahm.

»Übrigens«, sagte ich, während ich mir mit der Hand durch das lange Haar fuhr und gerade fest genug daran zog, dass mein Puls schneller schlug. Das war der Stoff, aus dem Sommer-One-Night-Stands gemacht sind – die, von denen du noch erzählst, wenn du alt und grau bist und zu viel getrunken hast. »Gekocht oder gebacken?«

»Was?«

»Ich fragte, ob das Essen gekocht oder gebacken wird. Handelt es sich um ein Clam Bake oder ein gekochtes Fischgericht?«

»Gebacken«, sagte er. »Siehst du da, die Sandgrube? Wenn es gekocht würde ...«

Ich drückte seinen Schwanz fest genug, dass er aufstöhnte und sein hübsches blondes Haar schüttelte. »Ja?«, kicherte ich.

»Wenn wir es kochen würden, in einem Topf ...«

Ich hielt inne, dann warf ich den Kopf zurück und lachte gen Himmel. »Oh verdammt, stimmt.«

Sein Mund näherte sich meinem Hals, seine Lippen waren weich, doch bestimmt. Leicht knabberte er an meiner Halsbeuge, während ich den Knopf meiner Hose öffnete und den Reißverschluss herunterzog. »Ich hoffe, du hältst mich nicht für voreilig …«

»Bitte, Alice, sei voreilig …«, stöhnte er, und ich lächelte. Der Himmel leuchtete nun purpurn. Der Wind fuhr uns durchs Haar und trug unsere Stimmen mit sich davon.

»Kannst du mich ficken? Kann ich dich ficken …?« Ich grinste und hatte das Gefühl, dass meine Zähne in der Dämmerung leuchteten, denn seine taten es. »Können wir ficken, Mike?«

»Ja, das können wir. Komm her.« Er stand auf, griff nach meiner Hand und zog mich Richtung Dünengras, das verschwörerisch im Wind wisperte.

Als wir hinter den wogenden Halmen verborgen waren, wurde mir bewusst, wie sehr ich mir wünschte, dass dieser Sommer mit etwas Großem endete. Einem großen Akt der Hingabe, damit ich mich wieder frisch und wie neu fühlen konnte. Ich zog mir mein weißes Sweatshirt über den Kopf und streifte die Jeans ab.

So stand ich da, barfuß und mit windzerzaustem Haar, und trug sonst nichts als mein dunkelblaues Bikinihöschen und einen weißen BH. Nicht gerade sexy, doch ich hatte nicht das Gefühl, dass das irgendeine Rolle spielte.

»Mutiges Mädchen. Reißt sich einfach die Kleider vom Leib.« Er strich über einen meiner Nippel, der sich durch den BH abzeichnete, und beugte sich dann vor, um mich zu küssen. Trotz des Windes konnte ich hören, was er sagte. Und ich spürte seine heißen Finger auf meiner kühlen Haut, als er mir den BH nach unten zog und mich in die Brust kniff.

Er fügte mir gerade genug Schmerz zu. Gerade genug, damit ein Kribbeln von meiner Brust hinunter in meine Möse fuhr. Mir war kalt, und ich war aufgeregt – ein Beben hatte mich ergriffen, das halb Zittern, halb Erregung war.

»Zieh deine Hose aus«, sagte ich, die Lippen an sein Ohr gepresst, damit er mich hören konnte. Ich griff nach dem obersten Knopf und öffnete ihn. Es ging leicht, und so öffnete ich schnell alle.

»Kondom ist in der hinteren Tasche«, murmelte er, als ich seine Unterhose erreicht hatte. Ich fischte es hervor und steckte es in meine Unterhose.

Surfer-Mike lachte und zog mich in seine Arme; seine Hände lagen auf meinem Hintern, meine Beine umschlangen seine Taille. Er küsste mich und drückte meinen Busen fest gegen seine nackte, samtige Brust. Dann hob er seine große Hand und ließ sie wieder zurückschnellen. Ich spannte mich an, und Hitze schoss durch meine Pobacken und dann in meine Muschi.

»Böser Junge.«

»Wollte nur sichergehen, dass du bei der Sache bist«, sagte er.

»Das bin ich ganz bestimmt. Das war ich schon vorher, aber jetzt gibt es gar keinen Zweifel mehr daran.«

»Ja?« Seine grünen Augen sahen in der Dunkelheit wie schwarze Seen aus. Vom Lagerfeuer war nur noch ein schwaches orangefarbenes Glimmen zu erkennen. Er sah aus wie etwas, in das ein Dämon gefahren war.

»Ja. Mach das noch einmal«, flüsterte ich ihm ins Ohr und spürte, wie meine Nippel hart wurden.

Er tat es. Er gab mir zehn weitere Schläge, während ich mich an seiner Hüfte rieb. Sein großer Schwanz drückte etwas tiefer gegen die nasse Spalte meiner Muschi.

Ich lehnte mich mit meinem ganzen Gewicht gegen ihn.

»Woah«, murmelte er mit großen Augen, als wir das Gleichgewicht verloren.

Mit einem dumpfen Laut fielen wir in den Sand, und er lachte, wobei seine weißen Zähne wie die eines Raubtiers in der Nacht leuchteten. Ich zog das Kondom aus meinem Slip und riss die Folie mit den Zähnen auf. »Schwanz hoch!«, kicherte ich, doch als ich seinen Schaft in die Hand nahm, seufzte ich. Sein Schwanz war groß, lang und so gebogen, dass ich wusste, es würde der pure Wahnsinn sein, wenn er sich in mir bewegte.

»Mach dir darüber keine Sorgen«, sagte er, spielte mit einer Strähne meines langen Haars und zog dann grob daran, um mich zu sich zu ziehen und zu küssen.

Ich schmeckte seine Zunge und saugte an ihr, als wäre es sein Schwanz, und dann endlich sagte er: »Genug geküsst. Himmel. Genug geküsst. Dein Mund ist – roll das Kondom über.«

Ich gehorchte und rollte das glatte Gummi über seine Erektion. Dann stand ich auf, um mir das Höschen abzustreifen. »Erlaubnis erteilt, an Bord zu gehen, Käpt'n«, sagte ich, und er lachte. In der Dunkelheit konnte ich sein Gesicht nicht sehen, doch sein Lachen wärmte mich.

»Du lässt auch keinen Schifffahrtswitz aus, was?«

»Äh ja. Tut mir leid.« Aber dann ließ ich mich auf ihn sinken und nahm jeden Zentimeter von ihm in mir auf. Ich fühlte, wie mich sein Schwanz ganz ausfüllte, und schließlich spürte ich Mikes Hände auf meinen. Unsere Finger verschränkten sich, und ich begann, mich vor und zurück zu bewegen.

Mike gab mir mit seinen Händen Halt, als ich nach vorn und unten drückte und sich unsere Oberkörper näher kamen. Ich stieß mit den Hüften vor, um dann im Wechsel meine nasse Klitoris an seinen warmen Körper zu drücken. Mit kräftigen Hüftbewegungen brachte er mich dem Höhepunkt immer näher.

»Wie schlimm war dieses Schlussmachen?«, fragte Mike und zog seine Hand zurück, um sie auf meine Hüfte zu legen, damit ich mich etwas schneller bewegte. Seine Hüften drückten nach oben, als er sich von unten in mich stieß. Sein Schwanz rieb auf perfekte Weise über meinen G-Punkt.

Es raubte mir den Atem – allein ihn so in mir zu spüren, während sich der Sand verführerisch an meine bloßen Knie schmiegte.

»So schlimm, dass ich bereits ausrechne, wie oft wir das hier machen können, bevor ich nach Hause zurück muss.«

Ich bewegte meine Hüften und hatte es plötzlich eilig. Er hob mir seinen Oberkörper entgegen, um meine Schulter zu küssen und an meinem Schlüsselbein zu knabbern. Der Orgasmus durchflutete mich, nass und wahrhaftig und groß wie der Ozean. Zumindest fühlte es sich so an. Mike strich über meinen Busen. Er fand den Verschluss meines BHs und öffnete ihn und befreite meine Brüste.

»Dreh dich um«, sagte er dann. Ich konnte seine Augen nicht sehen, doch seine Stimme war dunkel vor Lust. Vor Verlangen zu kommen. Fest zog er an einer meiner Haarsträhnen, und der kurze Schmerz ließ meine Muschi vor Wonne pulsen.

Ich stieg von ihm und kniete mich hin, die Hände vor mich auf den Boden gestützt. Ich drückte meine Finger tief in den kühlen Sand und krümmte sie, sodass ich den körnigen Sand unter den Nägeln spürte.

»Wir können das so oft tun, wie du dazu in der Lage bist. Vielleicht magst du mir sogar ein wenig über dich erzählen.« Er lachte. Seine Hände, groß und heiß im Vergleich zur Nachtluft, legten sich auf meine Hüften, und ich fühlte seine Schwanzspitze an meiner nassen Spalte. Mike glitt Zentimeter für Zentimeter in mich – langsam, unwiderstehlich –, während ich mich zwang, ganz still zu halten und ihn gewähren zu lassen. Ihm die Kontrolle zu überlassen.

Als er tief in mir war, ließ er seine Finger sanft über meine Wirbelsäule wandern, und ich tanzte für ihn – sein kleines Strandpüppchen, war wie Wachs in seinen Händen. Er hielt inne. Er war so ruhig und so groß in mir, dass ich ihn anbetteln wollte, sich zu bewegen. Betteln, dass er mich fickte. Doch ich biss mir auf die Lippen und sah, wie das Strandfeuer glühende Funken in den nachtblauen Himmel schickte.

Da endlich begann er, sich zu bewegen. Seine Hände spielten sanft auf meinem Hintern, während er sich tief in mich stieß, genau den richtigen Punkt traf und ich den Kopf in den Nacken warf.

Mein Surfer brummte: »Da ist sie ja.« Er griff mir ins Haar und zog mir den Kopf zurück. Meine Möse zog sich zusammen, und er ritt mich, während die Wellen des Ozeans an den Strand schlugen wie Kriegsgetrommel.

»Die was?«

»Deine wilde Seite. Der Teil von dir, der eine miese Trennung hinter sich hat.« Wieder zog er an meinem Haar, und der Schmerz ließ einen Funken Furcht in mir aufglimmen. Furcht gemischt mit Erregung, und beides tobte in mir. Ich brauchte nicht einmal meine Klitoris zu berühren, um zu spüren, wie ich einem weiteren Höhepunkt entgegensteuerte.

»Ja«, sagte ich – schrie es vielmehr in die Wellen und den Wind.

Drüben auf der Party drehte jemand die Musik auf, und irgendwer lachte, schallend und laut, als ein Frisbee geworfen wurde. Sie sahen aus wie heidnische Krieger, wie sie um das Feuer tanzten.

»Komm noch einmal für mich, Alice.«

Aus irgendeinem Grund schüttelte ich den Kopf. Vielleicht weil ich wollte, dass er nun für mich kam. Außerdem war ich noch nie gut darin gewesen, Anweisungen zu folgen.

Er schlug mir fest genug auf den Hintern, dass mein Kopf noch weiter nach hinten schnellte, und im gleichen Moment zog Mike an der Haarsträhne in seiner Hand, und ich gehorchte ihm. Ich kam, und ein gewaltiger, kraftvoller Orgasmus rollte durch meine Muschi und mein Becken. Wie ein Feuerball – so fühlte es sich an – und dann hinauf in meinen Bauch. Er breitete sich in meiner Brust aus und ließ meine Finger kribbeln. Ich schrie zum Mond hinauf, der nun eine große weiße schwangere Kugel am Himmel war.

»Gutes Mädchen«, flüsterte er mir ins Ohr. Sein Oberkörper war an meinen Rücken gepresst und in einer Linie mit meiner Wirbelsäule. Mike hatte einen Arm um meine Taille geschlungen und fickte mich so hart, dass ich das Gleichgewicht verlor, nach vorn fiel und meine Stirn in den Sand presste.

Meine Geste der Unterwerfung, als ich den Hintern hoch in die Luft streckte, gab ihm den Rest. Mit einer Hand drückte er auf meinen unteren Rücken und trieb sich noch tiefer in mich hinein, dann kam er – laut genug, um es für einen Moment mit der Brandung aufzunehmen.

Er presste mich nach unten in den Sand, wo mich sein warmer Körper vor dem Wind beschützte. Ich spürte seine Zähne in meiner Schulter, meinem Nacken, meinem oberen Rücken, sodass ich zittern musste, ohne dass es irgendetwas mit dem Wind oder der kühlen Nachtluft zu tun gehabt hätte.

»Du weißt, dass ich nicht auf der Suche nach irgendwem

bin ...« Ich drehte den Kopf, sodass ich ihn über meine Schulter hinweg ansehen konnte.

»Gut, denn mir geht es genauso.« Er grinste und war mir so nah, dass ich sein schönes Gesicht berühren konnte. Spaß. Er wollte einfach nur Spaß haben. Genau wie ich.

»Gut, dann habe ich eine Frage.«

»Ich habe es dir schon gesagt. Es wird gebacken. Würden die Meerestiere gekocht ...«

»Nein, darum geht es nicht«, sagte ich, drehte mich unter ihm und drückte meine nackten, sandigen Brüste gegen seinen festen Oberkörper.

»Was ist es dann?« Mike ließ seine Hand über die Seite meines Körpers wandern, und meine Muskeln zuckten vor Erregung.

»Was meinst du, wie oft wir das hier tun können, bevor ich abreisen muss?«

»Wann wird das sein?«

Ich drückte seinen Schwanz in meiner Hand, sodass er wieder wuchs und härter wurde, und hoffte, dass Mike noch ein Kondom in seiner abgewetzten Jeans hatte.

»In zwei Tagen.«

»Oh, ich denke, an zwei ganzen Tagen lässt sich einiges anstellen.«

Ich lachte und küsste ihn. Schließlich würde ich diesen Sommer doch noch mit etwas richtig Großem beenden.

Über die Autoren

Stephen Albrow ist in der sonnigen Küstenstadt Lowestoft in England geboren und aufgewachsen. Auf seinen Zügen durch die Hauptstraßen suchte er mit allen Sinne nach sexueller Inspiration. Die Dinge, die er dabei sah, hörte und roch, hat er seitdem als Futter für eine ganze Reihe von schmutzigen Stories verwendet.

Tawny Brown lebt mit ihrer Familie, einem Hund und zwei Katzen im ländlichen Alabama. Mehrere Jahre lang hat sie aus reiner Freude geschrieben. Ihre Arbeit ist in *The Outing* und *Leather Kissed* erschienen.

M. Christian ist Autor von *Dirty Words* und *Speaking Parts*. Er ist Herausgeber von *The Burning Pen, Guilty Pleasures*, der *Best S/M Erotica*-Reihe, *The Mammoth Book of Tales of the Road* und *The Mammoth Book of Future Cops* (zusammen mit Maxim Jakubowksi) und weiteren Anthologien. Seine Kurzgeschichten sind in über 150 Büchern erschienen, darunter *Best American Erotica, Best Gay Erotica, Best Lesbian Erotica, Best Transgendered Erotica, Best Fetish Erotica* und *Best Bondage Erotica*, um nur einige zu nennen. Er lebt in San Francisco.

Shanna Germain verbringt ihre Zeit damit, Artikel zu schreiben, Mokka zu trinken und »Recherche« für ihre erotischen Geschichten zu betreiben. Ihr Werk ist auf www.cleansheets.com erschienen sowie im *Good Vibes*-Magazin, in *Moxie, Nervy Girl* und auf Salon.com. Sie ist unter sgermain@comcast.net unter www.shannagermain.com zu erreichen.

Michelle Houston schreibt bereits seit 1995 erotische Literatur und hat seit 1998 in der Erotik-Community einen eigenen Internetauftritt. Seit 2002 ist sie Mitglied der Erotica Readers and Writers Association. Ihre Geschichten sind bereits in mehreren Anthologien und auf verschiedenen Websites erschienen, und kürzlich ist ihr erstes E-Book bei Renaissance eBooks erschienen. Michelle lebt im Osten der Vereinigten Staaten mit ihrem Mann und ihrer Tochter. Lesen Sie mehr über sie, oder schreiben Sie ihr auf ihrer persönlichen Website: www.eroticpen.net.

Die Geschichten von **Debra Hyde** sind in *Erotic Travel Tales 2, Best of the Best Meat Erotica* und *Ripe Fruit: Erotica for Well-Seasoned Lovers* zu finden. Sie unterhält das pansexuelle Weblog *Pursed Lips*. Am Sommer liebt Debra die langen Tage und das warme Wetter, auch wenn sie wegen ihrer Lichtempfindlichkeit im Schatten bleiben muss.

Matthew I. Jackson arbeitet in Tasmanien, wo er mit seiner Partnerin und zwei von drei Kindern lebt. Er hat auch unter den Namen M. I. Jack und Matti Jackson geschrieben. Sein Werk ist in *Sauce* sowie auf www.pinkflamingo.com und www.cleansheets.com erschienen.

Als einer der Autoren dieses Buches müsste **Maxim Jaku-**

bowski eigentlich auf einer karibischen Insel leben, wo er die meiste Zeit nackt herumläuft und umgeben ist von wunderschönen und ebenso zwanglosen Frauen. Vermutlich sind die Sonne und der Sand daran schuld, doch im wirklichen Leben reizt ihn dieses Szenario wenig. Und so wohnt er tatsächlich in London, wo er die *Mammoth Book of Erotica*-Anthologie herausgegeben sowie Kriminalromane voller Lust und Verlangen (zuletzt *Kiss Me Sadly*) veröffentlicht hat. Er besitzt eine Krimi-Buchhandlung, organisiert Film- und Literaturfestivals und schreibt für *The Guardian* und Amazon.co.uk. Sein letzter Roman heißt *Confessions of a Romantic Pornographer.*

Die Stories von **Lynne Jamneck** sind in *Best Lesbian Erotica 2003, On Our Backs*, auf www.bloodlust-uk.com und auf www.cleansheets.com erschienen. Ihre nächsten Arbeiten werden in *Lesbian Erotica: Delicate Friction, Raging Horrormones* und *Darkways of the Wizard* veröffentlicht. Ihre Fotokunst ist in *SHOTS, DIVA, Curve, The Sun* und dem *International Journal of Erotica* zu sehen. Sie wurde in *The Dream People, The Dream Zon* und *EOTU E-zine* veröffentlicht. Derzeit ist ihre Arbeit auf www.epilogue.net und www.artwanted.com zu finden.

JT Langdon ist bekennende Vegetarierin, Buddhistin, Schokoladenliebhaberin und Autorin der lesbischen Erotikromane *Lady Davenport's Slave I: The Collaring of Amber, Lady Davenport's Slave II: The Claiming of Amber, Sisters of Omega Pi* und *Hard Time*. Obwohl sie schon mehrfach aufgefordert wurde, sich davonzumachen – und das sogar mit Mistgabeln –, lebt JT noch immer im Mittleren Westen der Vereinigten Staaten.

Sommer Marsden stammt aus Baltimore, hat einen Dackel, liebt guten Wein und aus ihrer Feder stammen *Learning To Drown, Hard Lessons, Lucky 13* und verschiedene andere Erotikromane. Besuchen Sie sie auf sommermarsden. blogspot.com.

Tom Piccirilli ist Autor von elf Romanen, darunter *The Night Class, A Choir of Ill Children, A Lower Deep, Hexes, The Deceased* und *Grave Men*. Er hat über 130 Geschichten aus den Bereichen Krimi, Horror, Erotik und Science-Fiction veröffentlicht. Tom war bereits für den World Fantasy Award nominiert und hat drei Mal den Bram Stoker Award gewonnen. Sein erotisches Werk ist in *Best New Erotica, Best Fetish Erotica, Noirotica 3 Hot Blood, Master und Leather* sowie *Lace & Lust* zu finden.

Die Kurzgeschichten von **Thomas S. Roche** sind in zahlreichen Anthologien erschienen, darunter *Best American Erotica, Best New Erotica, Sweet Life*, mehrere Bände von *Naughty Stories from A to Z* und *Hot Blood*. Zusammen mit Alison Tyler hat er *His* und *Her* geschrieben, zwei sich ergänzende Erotikbücher.

Helena Settimana lebt in Toronto, Ontario. Ihre Kurzgeschichten, Gedichte und Essays sind im Web auf den Seiten der Erotica Readers and Writers Association (www.erotica-readers.com) und unter www.cleansheets.com erschienen. Gedruckt wurde ihr Werk in *Best Women's Erotica 2001* und *2002, Erotic Travel Tales, Best Bisexual Women's Erotica, Best Bondage Erotica, From Porn to Poetry: Clean Sheets Celebrates the Erotic Mind, Prometheus Desires, Shameless: Women's Intimate Erotica, Herotica 7, The Mammoth Book of Best New Erotica 2002* und *Best of the Best Meat Erotica*. In ihrer Freizeit arbeitet sie für die Erotica Readers and Writers Association.

Savannah Stephens Smith lebt und schreibt in Victoria, British Columbia, am Rande des Pazifischen Ozeans. Wenn sie nicht glücklich in ihre Texte versunken ist, zu denen Prosa wie Poesie gehören, arbeitet sie undercover als friedliche Büroangestellte. Sie liest, seit sie mit der Taschenlampe unter der Bettdecke die Nancy-Drew-Krimis für Mädchen verschlungen hat, und begann in den 1990ern mit dem Schreiben. Ihr Werk wurde auf der Website der Erotica Readers and Writers Association (www.erotica-readers.com) und auf www.mindcaviar.com veröffentlicht.

Sophia Valenti zieht heiße Sommernächte kühlen Herbsttagen vor und würde sich immer für signalroten Lippenstift statt für rosa Lipgloss entscheiden. Sie lebt in New York City in einem Apartment mit zu vielen Büchern und zu wenigen Regalen. Ihr Werk ist in den Harlequin-Spice-Anthologien *Alison's Wonderland* und *With This Ring, I Thee Bed* sowie in *Kiss My Ass, Skirting the Issue, Bad Ass* und *Cuffed* erschienen. Besuchen Sie sie auf sophiavalenti.blogspot.com.

Sage Vivant ist Besitzerin von Custom Erotica Source (www.customeroticasource.com), dem Heim für maßgeschneiderte Erotikliteratur seit 1998. Ihr Werk ist in *Naughty Stories from A to Z, Best Bondage Erotica, Down and Dirty, Maxim, Forum UK* und *Erotica* zu finden. Zusammen mit M. Christian hat sie *Leather, Lace & Lust* und *Binary* herausgegeben.

Mark Williams ist ein verheirateter Mittvierziger aus Chicago und ausgesprochen vielseitig. Er hat schon alles geschrieben, von Werbematerial für das Trump Plaza in Atlantic City bis zu Sketchen für das Kinderprogramm *The Bozo Show* bei WGN-TV. Viele Jahre lang hat er für das *Playboy*-Magazin recherchiert und geschrieben, außerdem glänzt er als geschliffener Stand-up-Comedian. Seine erotischen Geschichten sind in *Down and Dirty, Best Bondage Erotica* und *Naughty Stories from A to Z* zu finden.

Michele Zipp liebt es, ihrer Fantasie freien Lauf zu lassen, und manchmal verschwimmen dabei die Grenzen zwischen Einbildung und Realität. Sie ist Chefredakteurin des Magazins *Playgirl*, hat zahlreiche Artikel und Abhandlungen geschrieben und immer wieder Interviews rund um das Thema Leidenschaft geführt. Sie lebt und spielt in Brooklyn, New York, und arbeitet derzeit an ihrem ersten Roman. Ihre Kurzgeschichten sind in *Best Bondage Erotica* und *in Naughty Stories from A to Z* erschienen.

Über die Herausgeberin

Alison Tyler ist ein schüchternes Mädchen mit einer wirklich schmutzigen Fantasie. Sie ist die Herausgeberin von *Best Bondage Erotic* (Cleis Press). In den letzten zehn Jahren hat sie mehr als zwanzig verdorbene Bücher geschrieben, darunter *Learning to Love It, Strictly Confidential, Sweet Thing, Sticky Fingers* und *Something About Workmen* (alle bei Back Lace erschienen). Ihre Romane gibt es auf Japanisch, Niederländisch, Deutsch und Spanisch. Ihre Geschichten sind in *Sweet Life* und *Sweet Life 2, Erotic Travel Tales* und *Erotic Travel Tales 2, Best Women's Erotica 1996* (alle bei Cleis Press veröffentlicht) zu finden sowie in *Wicked Words 4, 5, 6* und *8* und *Best of Black Lace II* (Back Lace), *Best S/M Erotica* und *Noirotica 3* (Black Books), *Sex Toy Tales* (Down There Press) und *The Mammoth Book of Best New Erotica* (Carroll & Graf).

Zusammen mit ihrem langjährigen Kollegen Dante Davidson hat sie die Bestseller-Anthologie *Bondage on the Budget* verfasst und gemeinsam mit Thomas Roche die Bücher *His* und *Hers* geschrieben (alle bei Pretty Things Press erschienen). Sie ist Herausgeberin von *Down & Dirty* (Pretty Things Press), *Juicy Erotica* (Pretty Things Press), *Batteries Not Included* (Diva) und *Naughty Stories from A to Z*, Volumes *1*, *2* und *3* (Pretty Things Press).

Ms. Tyler bevorzugt einen einfachen, eleganten Einteiler

zum Schwimmen … Oh, wem glaubt sie eigentlich, etwas vormachen zu können? Wie Sie es nicht anders erwartet haben werden, badet sie in Wirklichkeit *immer* nackt.

Violet Blue (tinnynibbles.com, @violetblue) ist eine erfolgreiche, preisgekrönte Autorin und Herausgeberin von Erotikliteratur. Sie gilt als führende Expertin, wenn es um die Schnittstelle zwischen Sex und Technik geht, und hat überall auf der Welt bei der Präsentation von technischen Neuerungen auf der Bühne gestanden, darunter zweimal für Google, Inc. Außerdem ist sie in der Oprah Winfrey Show auf CNN aufgetreten. Blue ist Kolumnistin für CBS Interactive, wo sie mit *Pulp Tech* ein eigenes Blog hat, und von NPR (Radio) bis zum *Wall Street Journal* regelmäßig als Sex-Expertin zitiert. Sie lebt in San Francisco.